Ella Murphy

A Sabedoria das Sombras
Ritos Wiccanos de Poder

Direitos Autorais
Copyright © 2022 Luiz Santos
Todos os direitos reservados.

Nenhuma parte deste livro pode ser reproduzida, armazenada em sistema de recuperação ou transmitida em qualquer forma ou por quaisquer meios – eletrônicos, mecânicos, fotocópias, gravações ou outros – sem a permissão prévia e por escrito do detentor dos direitos autorais.

Créditos
Capa: © LS Studio
Revisão: Armando Vellaz
Design Gráfico: Amadeu Brumm
Layout: Matheus Costa

Direitos Reservados para:
Luiz A. Santos

Sumário

Prólogo 5
Capítulo 1 Origens da Wicca 8
Capítulo 2 Ética Wiccana 13
Capítulo 3 Deuses Principais 18
Capítulo 4 Elementos Naturais 23
Capítulo 5 Altar Básico 28
Capítulo 6 Ferramentas Sagradas 33
Capítulo 7 Círculo Mágico 38
Capítulo 8 Meditação Inicial 42
Capítulo 9 Ciclos Lunares 46
Capítulo 10 Ervas Sagradas 51
Capítulo 11 Cristais Básicos 55
Capítulo 12 Elementos Mágicos 60
Capítulo 13 Rituais Diários 65
Capítulo 14 Bênçãos Simples 69
Capítulo 15 Oferendas Sagradas 73
Capítulo 16 Rituais Lunares 77
Capítulo 17 Energia Pessoal 82
Capítulo 18 Feitiços Simples 87
Capítulo 19 Velas Mágicas 91
Capítulo 20 Incensos Sagrados 95
Capítulo 21 Símbolos Sagrados 100
Capítulo 22 Alfabetos Mágicos 104
Capítulo 23 Mitologia Básica 108

Capítulo 24 Deidades Específicas 113
Capítulo 25 Roda Anual 117
Capítulo 26 Sabbats Maiores 121
Capítulo 27 Sabbats Menores 125
Capítulo 28 Esbats Lunares 129
Capítulo 29 Magia Elemental 133
Capítulo 30 Feitiços Elaborados 138
Capítulo 31 Círculos Avançados 143
Capítulo 32 Proteção Mágica 148
Capítulo 33 Divinação Básica 153
Capítulo 34 Tarô Iniciante 158
Capítulo 35 Runas Mágicas 162
Capítulo 36 Pêndulo Sagrado 167
Capítulo 37 Xamanismo Wiccano 171
Capítulo 38 Jornada Interior 176
Capítulo 39 Espíritos Naturais 181
Capítulo 40 Ancestralidade Sagrada 186
Capítulo 41 Rituais Grupais 191
Capítulo 42 Magia Planetária 195
Capítulo 43 Grimório Pessoal 200
Capítulo 44 Iniciação Formal 205
Capítulo 45 Liderança Espiritual 210
Capítulo 46 Mentoria Wiccana 215
Capítulo 47 Sabedoria Final 220
Epílogo 225

Prólogo

Você se encontra no limiar de um caminho que pulsa com sabedorias ancestrais e energias ocultas, um convite sussurrado das sombras, que te espera para revelar verdades que o tempo preservou com zelo. Ao abrir estas páginas, deixa-se conduzir por um universo onde o mistério da vida e o segredo dos antigos ritos se desdobram como uma dança silenciosa, entre o visível e o oculto. Este livro é mais que uma leitura; é um portal que você foi chamado a atravessar, destinado a você que busca uma ligação autêntica com o sagrado e a essência da existência.

No âmago deste conhecimento reside uma verdade que foi velada por séculos, sustentada por aqueles que souberam ouvir os murmúrios da terra, do vento, do fogo e das águas. Esses segredos, longe de serem meras práticas, são ecos de um tempo em que os ciclos da natureza eram compreendidos como manifestações vivas do divino, e o poder de moldar o próprio destino estava ao alcance de quem se permitisse entrar em comunhão com essas forças. Com cada página, uma chave se revela, e cada chave abre uma porta para um mundo onde os limites se desvanecem e onde as energias primordiais se entrelaçam com a tua própria essência.

O conhecimento contido aqui não é um saber erudito, não se trata de conceitos vazios ou abstrações sem vida. São ensinamentos moldados na prática, vivenciados e aprimorados pelos guardiões de uma sabedoria que renasce a cada geração, porque há verdades que simplesmente não podem morrer. Você será levado a redescobrir o elo entre seu ser e a teia do universo, a perceber que cada pensamento e cada ação reverberam, carregando consigo o poder de transformar realidades. Este livro foi escrito para despertar em você uma consciência profunda, que o impulsionará a alinhar-se ao que é eterno.

Ao caminhar pelas próximas páginas, sente que as palavras ganham vida e energia; que o rito descrito não é um ato distante, mas algo que reverbera no teu próprio espírito. Cada capítulo o leva a um passo mais próximo de tocar o coração da sabedoria oculta, de sintonizar-se com a força dos elementos e descobrir a divindade que permeia todas as coisas. Esta obra evoca a magia que já existe em você, latente, aguardando o momento certo para se manifestar. Aqui, encontra-se o reflexo das forças do mundo que, em silêncio, aguardam apenas o teu chamado para despertarem.

Este é o caminho que você já intuiu antes, mas que agora se apresenta de forma clara. As práticas, os rituais e os princípios que aqui encontrará não são regras impostas, mas convites. Convites para que você sinta o ritmo das estações, compreenda a sacralidade de cada fase lunar, e se permita viver em harmonia com os ciclos da existência. Nesta obra, você é convidado a vivenciar cada palavra, como um chamado para lembrar que a espiritualidade não é um conceito separado do dia a dia, mas algo que brota em cada respiração, em cada gesto de respeito pela natureza e por si mesmo.

Em um mundo que muitas vezes ignora a beleza e a harmonia das coisas naturais, este conhecimento revive o vínculo sagrado com a vida. Sinta o peso ancestral das palavras, a força com que elas te envolvem e te conectam ao que é atemporal. Aqui, sua busca pessoal pela paz, pela conexão e pelo poder interior encontra não respostas prontas, mas caminhos. São trilhas que o levarão a descobrir por si mesmo a magia presente em cada detalhe, a potência de um ritual e a beleza de honrar o mistério que envolve toda existência.

Quando ler este livro, permita que cada ensinamento se infiltre em seu coração. Este é o chamado das sombras, não como escuridão, mas como o conhecimento que nutre, protege e transforma. Aqui, você se torna aprendiz e mestre, porque é dentro de você que esta sabedoria realmente floresce. Cada ritual, cada elemento evocado e cada ciclo respeitado torna-se uma peça do seu próprio desenvolvimento espiritual. Você se perceberá parte de algo muito maior, consciente de que, ao honrar o mundo natural e os segredos que ele contém, você está, na verdade, honrando a si mesmo.

    Este é o início de uma jornada de autodescoberta, de entendimento e de integração com a teia da vida. Ao terminar de ler este prólogo, deixe que uma pequena faísca de curiosidade se acenda em sua alma. Que a jornada pela qual este livro o conduzirá seja não apenas uma busca por conhecimento, mas uma celebração daquilo que sempre foi seu. Permita-se ir além das palavras e conectar-se com o pulsar invisível do mundo ao seu redor, porque a magia é viva, e está aqui, ao seu alcance.

Capítulo 1
Origens da Wicca

A Wicca surge como uma teia entrelaçada de histórias antigas e interpretações modernas, um sistema de crenças que atrai a busca por uma espiritualidade conectada aos ritmos da Terra e do universo. Em suas origens, encontra-se um caldeirão de influências pré-cristãs, tradições pagãs e mistérios ocultos que, ao longo do tempo, se desenvolveram e foram reinterpretados. A essência da Wicca está profundamente enraizada nas práticas religiosas e culturais de comunidades que se harmonizavam com as estações, cultuavam as forças da natureza e reverenciavam a vida em todas as suas formas.

No entanto, a Wicca moderna, como conhecida atualmente, começou a ganhar forma em meados do século XX, marcada pela figura de Gerald Gardner, um estudioso e ocultista britânico que, inspirado por rituais antigos e pelas práticas mágicas europeias, deu voz a essa tradição. Gardner afirmava que a Wicca era uma continuação de práticas de antigas religiões pagãs, sobreviventes de séculos de perseguição, mas adaptadas e preservadas em segredo ao longo dos anos. Sua visão encontrou solo fértil na Inglaterra do pós-guerra, onde muitos buscavam alternativas espirituais que reconectassem o ser humano com o sagrado natural e com valores universais de harmonia, amor e respeito à vida.

Embora Gardner seja amplamente reconhecido como um dos principais responsáveis pela popularização da Wicca, é essencial compreender que as influências vão além de sua figura. O movimento wiccano foi moldado também por outras personalidades que trouxeram contribuições distintas e cruciais, como Doreen Valiente, uma poetisa e sacerdotisa que ajudou a aprimorar e consolidar os rituais e escritos fundamentais. Outros nomes como Raymond Buckland e Alex Sanders também ajudaram a disseminar a Wicca, cada um adicionando nuances que resultaram em diferentes tradições dentro da prática wiccana.

A base espiritual da Wicca repousa em uma visão politeísta e panteísta, onde o divino se manifesta em formas múltiplas e, ao mesmo tempo, em uma unidade subjacente. O Deus e a Deusa representam as energias masculinas e femininas, complementares e indissociáveis, que se manifestam em todo o universo. Esse entendimento dos deuses como faces do poder natural reflete a visão de mundo dos povos antigos, para os quais todas as forças da natureza possuíam uma essência divina. Na Wicca, essas divindades se apresentam de forma fluida, adaptando-se aos diferentes ciclos e estações do ano. O Deus frequentemente é representado em sua faceta de Senhor dos Animais e dos Bosques, ou como o Deus Solar, que nasce, vive e se sacrifica anualmente, enquanto a Deusa simboliza a Mãe Terra, a Doadora de Vida e, ao mesmo tempo, a Senhora da Transformação e da Morte.

Ao longo dos séculos, as práticas e rituais pagãos foram reprimidos, principalmente pela ascensão do cristianismo na Europa. Aqueles que seguiam as antigas crenças eram perseguidos e, muitas vezes, estigmatizados como praticantes de "bruxaria", um termo carregado de conotações negativas na sociedade da época. Apesar disso, aspectos das tradições pagãs resistiram, camuflados em costumes e festividades populares, em contos folclóricos e, ocasionalmente, em práticas de cura e proteção mantidas secretamente por curandeiros e sábios de vilarejos.

É nesse cenário de ocultação e resistência que nasce a Wicca moderna, reivindicando um espaço para a veneração das antigas divindades e das forças da natureza. Com uma forte ênfase na liberdade espiritual e na conexão pessoal com o sagrado, a Wicca é mais do que um simples resgate de práticas passadas; ela é uma recriação, adaptada ao contexto contemporâneo, mas que mantém viva a essência dos valores antigos. As práticas wiccanas procuram alinhar o indivíduo aos ciclos naturais, respeitar o equilíbrio do universo e promover uma ética de vida que busca não causar danos a si mesmo ou a outros.

    A estrutura religiosa da Wicca não é dogmática, e muitos praticantes seguem um caminho eclético, combinando elementos de diferentes tradições pagãs e sistemas espirituais. No entanto, existem algumas correntes estruturadas, como a Wicca Gardneriana e a Wicca Alexandrina, que possuem rituais e hierarquias específicos. Cada vertente pode apresentar variações, mas todas compartilham o mesmo respeito pelas forças naturais e pelo desenvolvimento espiritual do indivíduo como parte inseparável do todo.

    A filosofia central da Wicca inclui também uma visão cíclica do tempo e da existência. A Roda do Ano, uma das representações mais icônicas dessa crença, simboliza o eterno renascer e o movimento constante da natureza. A celebração dos Sabbats, datas festivas que marcam eventos sazonais, como solstícios, equinócios e períodos intermediários, permite que os praticantes celebrem o ciclo da vida, morte e renascimento, acompanhando o ritmo da Terra e de suas energias. Cada uma dessas celebrações reflete uma faceta do Deus e da Deusa e convida os wiccanos a honrar os ciclos da própria vida, renovando suas intenções e cultivando a harmonia interna e externa.

    A prática wiccana inclui o uso de rituais que, muitas vezes, são realizados dentro de um círculo sagrado, traçado para proteger e canalizar as energias dos participantes. O círculo representa o espaço entre os mundos, um lugar onde as leis da natureza podem ser suspensas e onde o praticante pode se comunicar diretamente com o divino e com as energias da Terra. Esses rituais podem ser de celebração, cura, proteção ou simplesmente de meditação e introspecção, sempre respeitando a liberdade individual e a responsabilidade com o todo.

A ética wiccana também reflete a noção de responsabilidade pessoal e de respeito à liberdade de outros seres, expressa no princípio da Rede Wiccana: "E se a ninguém prejudicar, faze o que tu quiseres". Este princípio indica que o praticante possui liberdade para explorar sua espiritualidade e sua prática mágica, desde que suas ações não causem dano. Essa ética fundamenta o compromisso com a harmonia e o respeito, tanto no âmbito espiritual quanto no cotidiano, e representa uma resposta às tradições espirituais que buscam uma integração entre o ser humano e o cosmos.

Outro conceito essencial é o da Lei Tríplice, que ensina que toda ação, seja ela positiva ou negativa, retornará ao emissor com intensidade triplicada. Esse princípio incentiva uma prática consciente e cuidadosa, lembrando ao wiccano que ele é responsável pelas suas ações e que a energia que envia ao mundo inevitavelmente retornará. Em um mundo onde a natureza é vista como sagrada, a prática wiccana nos chama a lembrar que cada ato ressoa além de nossa percepção imediata, impactando a teia da vida.

Além disso, a Wicca preza pelo autoconhecimento e pela expansão da consciência. Muitos de seus rituais e práticas, como a meditação, a visualização e o trabalho com símbolos e energias, são caminhos para alcançar uma compreensão mais profunda de si mesmo e do universo ao redor. A prática não se limita à adoração de divindades, mas envolve uma exploração da própria energia e de como ela interage com as forças da natureza, permitindo ao praticante um caminho de descoberta e crescimento contínuos.

Em sua essência, a Wicca é uma religião de reverência e gratidão, uma celebração da vida em todas as suas formas e fases. Ela se baseia na premissa de que todos os seres são parte de uma rede interconectada, onde cada um possui um papel e uma responsabilidade. A prática wiccana lembra constantemente que a Terra é nossa casa, que o respeito e a harmonia com o meio ambiente são fundamentais para o equilíbrio e para a paz interna.

A trajetória da Wicca reflete um movimento de resgate e de ressignificação, onde os ensinamentos antigos são redescobertos e adaptados, permitindo que uma espiritualidade voltada para a Terra e para o sagrado natural floresça em meio ao mundo moderno. Cada rito, cada palavra e cada gesto carregam consigo a memória de povos que, apesar dos desafios, mantiveram viva a chama da busca pelo divino nas forças que moldam e sustentam a existência.

Assim, a Wicca, embora recente em sua forma moderna, carrega a sabedoria e a simplicidade dos antigos, convidando seus praticantes a se tornarem não apenas adoradores das divindades, mas guardiões da Terra, em um pacto de respeito e celebração pela vida e pela magia que reside em cada ser, em cada estação, e em cada suspiro do vento.

Capítulo 2
Ética Wiccana

A ética dentro da Wicca é um princípio que pulsa com a força de um coração que se alinha ao universo. Como um sistema espiritual que respeita a liberdade individual, a Wicca convida seus praticantes a uma ética que transcende a simples moralidade. Ao invés de códigos rígidos, apresenta uma filosofia que enfatiza a responsabilidade e a conexão com o todo. O que guia cada praticante é o conhecimento de que suas ações ecoam na teia da vida, refletindo o retorno de cada energia que emite, num círculo constante e inquebrável.

Em meio aos princípios que definem a ética wiccana, a Rede Wiccana se destaca como um farol. A frase "E se a ninguém prejudicar, faze o que tu quiseres" carrega a premissa da liberdade consciente. Este não é um chamado ao livre-arbítrio descomprometido, mas sim uma lembrança de que cada ato, cada pensamento e cada intenção lançada ao universo reverbera, possuindo a capacidade de transformar e influenciar as forças ao redor. Com isso, a Wicca enfatiza o respeito pelo outro, pela natureza e, principalmente, pelo poder que reside dentro de cada um.

A Rede Wiccana funciona como uma bússola ética. Ela lembra ao praticante que não existem barreiras entre ele e o universo: toda ação cria ondas que impactam direta e indiretamente tudo o que toca. Para a maioria dos wiccanos, essa filosofia orienta a forma como interagem não apenas com outros seres humanos, mas também com os seres espirituais, os animais, as plantas e até mesmo com as forças e energias invisíveis. É um convite à consciência, onde o praticante deve ponderar cada ato, não apenas pelo que ele proporciona, mas pelo impacto que causa.

No entanto, a Rede Wiccana vai além da superfície de um simples mandamento. Diferente de dogmas, ela é um guia que encoraja o praticante a refletir sobre seu papel no mundo e sobre as forças que manipula. Praticar magia, na visão da Wicca, não é algo trivial; ao contrário, exige discernimento e respeito. Quando alguém lança um feitiço, por exemplo, seja para cura, prosperidade ou proteção, deve entender que está mobilizando energias que seguem em diferentes direções, tocando vidas e alterando realidades. Este ato cria responsabilidade. E é por isso que a Rede Wiccana se destaca como uma diretriz de harmonia, mostrando que o praticante deve observar cada ato, compreendendo que sua liberdade vai até onde começa o bem-estar de outros.

Outro conceito vital na ética wiccana é o princípio do retorno triplo. Este princípio ensina que cada energia emitida ao universo retorna ao emissor de forma triplicada, seja positiva ou negativa. Assim, aqueles que dedicam sua prática à cura, à compaixão e ao crescimento espiritual são nutridos por essas mesmas energias, multiplicadas. Da mesma forma, qualquer ação ou intenção que cause dano é devolvida com uma intensidade ainda maior. Este ensinamento não é uma punição, mas um lembrete da interconexão entre todas as coisas e da responsabilidade que vem com a prática mágica.

Para entender plenamente o princípio do retorno triplo, é necessário compreender o papel das energias na Wicca. Quando um wiccano realiza um feitiço ou ritual, ele está canalizando energias da natureza, de seus deuses e de seu próprio ser. Essa energia possui um destino, mas ao ser direcionada, ela se liga ao emissor, formando uma conexão que transcende o tempo e o espaço. A multiplicação do retorno ocorre devido ao poder com que essas energias foram enviadas, retornando de forma amplificada para a fonte. Esse processo natural é visto como um reflexo da harmonia e do equilíbrio cósmico que sustentam o universo.

Na prática wiccana, o retorno triplo traz uma poderosa lição sobre a ética da magia e o poder da intenção. Muitos praticantes sentem a responsabilidade de realizar atos conscientes e de cuidar para que cada feitiço ou intenção seja guiado por um propósito de luz. Esse princípio também ensina a não utilizar a magia para manipular a vontade de outros ou para obter vantagens egoístas que não estejam em sintonia com a harmonia natural. Assim, o retorno triplo coloca o praticante em uma posição de humildade e respeito, lembrando-o de que, no círculo da vida, tudo o que é gerado deve retornar ao ponto de origem.

Além dos princípios da Rede Wiccana e do retorno triplo, a ética wiccana enfatiza a compaixão e a empatia como valores essenciais. No círculo sagrado da Wicca, a compaixão é vista como uma energia curativa, que ajuda a fortalecer o vínculo entre o praticante e o mundo ao seu redor. É comum que wiccanos realizem rituais ou feitiços para a cura de amigos, familiares e até de desconhecidos, enviando energias de amor e de proteção. A prática de enviar boas intenções a outros faz parte do cotidiano wiccano e reflete o entendimento de que toda cura pessoal é uma cura coletiva.

Outro aspecto ético importante na Wicca é o respeito pelos diferentes caminhos espirituais. A diversidade é valorizada, e a religião encoraja seus seguidores a aceitar outras crenças e práticas. Para os wiccanos, a espiritualidade é um caminho pessoal e único, e não há uma verdade absoluta que deva ser seguida por todos. Essa abertura permite que os praticantes busquem e explorem suas próprias verdades, cultivando uma conexão genuína e individual com o sagrado. Cada pessoa é vista como uma expressão do divino e, portanto, merece respeito e liberdade para escolher seu caminho.

Esse respeito se estende também à própria natureza e ao ambiente. A Wicca é uma religião profundamente ecológica e natural, que ensina que a Terra é sagrada e que o ser humano é apenas uma pequena parte desse vasto sistema. Os praticantes são encorajados a proteger o meio ambiente, a respeitar os ciclos naturais e a viver de maneira sustentável, evitando o desperdício e qualquer ato que possa prejudicar o planeta. Para muitos, a Wicca é uma espiritualidade que vai além dos rituais e que se manifesta em cada ato cotidiano de cuidado com a Terra e com os seres vivos.

A ética wiccana também sugere que cada praticante busque o autoconhecimento e a evolução espiritual. A magia e a espiritualidade wiccana estão enraizadas na jornada pessoal de crescimento e transformação. Cada ritual, feitiço e prática é um convite para mergulhar nas profundezas do eu e descobrir o propósito e a missão individual. Assim, o caminho da Wicca não é apenas sobre a prática externa, mas sobre a criação de uma harmonia interna que ressoe com as forças da natureza e do cosmos.

Essa jornada de autoconhecimento é intensificada pela prática da meditação e da reflexão. Muitos wiccanos dedicam tempo para se conectar com seus pensamentos e emoções, buscando compreender a origem de seus desejos e intenções antes de agir. A ética na Wicca não é imposta, mas é vivida de forma natural e espontânea, como um reflexo do equilíbrio e do amor pelo universo.

Ademais, a Wicca vê a vida como um ciclo de aprendizagem contínua. Não há ponto final, pois cada experiência, cada desafio e cada sucesso acrescentam ao caminho do praticante. Isso se reflete na ética de acolhimento ao erro, onde os praticantes são encorajados a aprender com as falhas e a evoluir constantemente. Na visão wiccana, errar é uma parte do crescimento, e o aprendizado que vem desses momentos é valorizado como parte essencial da jornada espiritual.

Finalmente, a ética wiccana resgata o valor da autenticidade. Ser wiccano significa ser verdadeiro consigo mesmo, sem a necessidade de máscaras ou disfarces. A magia pessoal, o poder da intenção e a espiritualidade florescem da integridade e da verdade interna de cada um. Os rituais, os feitiços e os ensinamentos são expressões dessa autenticidade, um reflexo de quem o praticante é em sua essência.

A Wicca, portanto, não impõe regras rígidas, mas sugere uma visão de mundo onde o respeito, a harmonia e a responsabilidade são fundamentais. Cada ação é uma semente lançada no solo fértil do universo, que um dia brotará e retornará ao seu semeador. Na prática wiccana, a ética se torna uma dança entre liberdade e compromisso, onde o praticante é tanto criador quanto guardião do equilíbrio. A ética é, antes de tudo, um caminho para viver em sintonia com as forças da natureza e com o próprio eu, construindo um legado de luz, respeito e amor pela vida em todas as suas manifestações.

Capítulo 3
Deuses Principais

No âmago da espiritualidade wiccana, reside uma reverência profunda e intrincada pelos deuses e deusas que simbolizam as forças criadoras e transformadoras do universo. A Wicca, em sua natureza politeísta e panteísta, vê o divino refletido nas polaridades e em todos os aspectos da vida. No centro dessa visão, estão o Deus e a Deusa, as divindades principais que representam, de maneira equilibrada e complementar, as energias masculina e feminina, a luz e a escuridão, a vida e a morte. Eles não são apenas figuras simbólicas, mas expressões das forças que se manifestam na Terra e em cada ser vivo, moldando a realidade em ciclos perpétuos.

A Deusa, uma figura central na Wicca, é a personificação do feminino sagrado e das forças vitais que sustentam a criação e a transformação. Ela é reverenciada em diferentes aspectos que abrangem os ciclos da vida, representando a Mãe, a Donzela e a Anciã, arquétipos que contêm dentro de si a totalidade das experiências humanas e espirituais. Como Mãe, a Deusa é aquela que nutre, que gera vida e sustenta todas as criaturas, simbolizando o ventre fértil da Terra. Ela é a fonte de toda a criação, a Doadora da Vida que acolhe e protege. Em seu aspecto de Donzela, ela é a força vibrante da juventude, da primavera e do novo, inspirando vitalidade e renovação, sendo a esperança de novos começos. Como Anciã, ela representa a sabedoria, a transformação e o mistério da morte e do renascimento. Este é o ciclo eterno do feminino que rege a passagem do tempo e da vida.

A Deusa é também a Lua, e suas fases representam as diferentes faces do sagrado feminino. O ciclo lunar, com suas mudanças de nova, crescente, cheia e minguante, espelha as transformações da Deusa e a maneira como ela influencia a natureza e os ritmos internos dos seres humanos. Os wiccanos veem a Lua como uma manifestação direta da Deusa, e cada fase carrega um significado mágico e espiritual, refletindo o ciclo de nascimento, crescimento, plenitude e declínio. Esse ciclo não se limita ao plano físico, mas se estende ao espiritual, lembrando aos praticantes a importância da introspecção, da renovação e do poder transformador que cada fase oferece.

O Deus, por sua vez, complementa a Deusa como uma representação das energias masculinas, a força vital que pulsa na natureza e nas estações. Ele é o Deus Cornífero, Senhor dos Animais e dos Bosques, uma figura ancestral que simboliza o poder selvagem, a força protetora e a fertilidade. Com chifres que o conectam às criaturas da terra e aos ciclos de reprodução e crescimento, o Deus Cornífero representa o impulso natural que move a vida e a criação, e que se manifesta no despertar da primavera e na abundância do verão. Ao lado da Deusa, ele não é uma força dominadora, mas uma energia que colabora e coexiste, mantendo o equilíbrio e promovendo a harmonia.

O Deus também é visto como o Deus Solar, associado ao Sol, cuja jornada anual é um ciclo de nascimento, ascensão, sacrifício e renascimento. Ele nasce no inverno, cresce e se fortalece na primavera, alcança seu auge no verão e, então, entra em declínio no outono, para, finalmente, renascer no solstício de inverno. Esse ciclo anual simboliza o ritmo da vida, da morte e do renascimento, refletindo o poder da renovação e do sacrifício que gera a continuidade da existência. A cada ano, o Deus entrega sua energia para fertilizar a Terra, proporcionando o crescimento das colheitas e a prosperidade da natureza, até que sua força se esgote e ele retorne ao ventre da Deusa, para ser novamente regenerado.

O relacionamento entre o Deus e a Deusa na Wicca é uma dança cósmica de equilíbrio, onde um complementa o outro em uma união eterna. Eles são vistos não apenas como deidades distintas, mas como expressões de uma única força criadora, polaridades que se complementam e que existem uma na outra.

Esta interdependência simboliza a unidade fundamental de todas as coisas e o equilíbrio entre as energias masculinas e femininas, um tema que permeia toda a prática e filosofia wiccana. O Deus e a Deusa não são rivais ou opostos que se anulam, mas forças que, juntas, sustentam o universo.

As estações do ano, marcadas pelas celebrações dos Sabbats, são uma manifestação dessa relação dinâmica entre o Deus e a Deusa. Cada Sabbat representa uma fase da história entre essas divindades, uma passagem em sua eterna dança de amor, sacrifício e renascimento. No Sabbat de Beltane, por exemplo, os wiccanos celebram a união do Deus e da Deusa, o casamento sagrado que traz fertilidade à terra e garante a abundância das colheitas. Já em Samhain, celebra-se o sacrifício do Deus, que se entrega ao ciclo da morte para permitir que a vida floresça novamente no próximo ano. Esse eterno movimento, marcado pelos ritos sazonais, conecta os praticantes ao ritmo natural da vida e à certeza de que, mesmo na morte, há renovação e continuidade.

É importante lembrar que, na Wicca, os praticantes podem escolher diferentes aspectos ou nomes para o Deus e a Deusa, dependendo de suas tradições e de suas conexões espirituais. Muitos wiccanos identificam a Deusa com figuras como Ísis, Ártemis, Diana, Brigid, Freya, entre outras, enquanto o Deus pode ser honrado como Cernunnos, Apolo, Thor, Odin ou Pan. Esses nomes são representações culturais e arquetípicas das mesmas forças primordiais. Cada praticante é incentivado a encontrar aqueles aspectos que mais ressoam com sua jornada, criando uma relação íntima e pessoal com o divino.

Os wiccanos acreditam que esses deuses estão presentes não apenas nos rituais, mas também em todos os aspectos da vida cotidiana. Eles são vistos como guias e protetores, energias que caminham ao lado dos praticantes e que oferecem orientação, sabedoria e proteção. É comum que os wiccanos estabeleçam um relacionamento próximo com o Deus e a Deusa, através de práticas diárias de devoção, meditação e introspecção. Essa conexão é fortalecida por meio de orações, oferendas e celebrações, onde cada gesto, cada palavra, é uma forma de cultivar o respeito e a harmonia com o divino.

A Wicca ensina que o Deus e a Deusa habitam não apenas o exterior, mas também o interior de cada pessoa. Assim, ao honrá-los, os wiccanos estão, na verdade, honrando também suas próprias energias internas, a essência sagrada que existe em todos. O caminho da Wicca é, portanto, uma jornada de descoberta e de integração, onde o divino é encontrado tanto na natureza quanto no íntimo de cada ser. A prática wiccana não busca colocar o Deus e a Deusa em um altar distante, mas sim aproximá-los, fazendo com que eles sejam partes vivas e essenciais da experiência humana.

Através de rituais, celebrações e momentos de silêncio, os wiccanos buscam fortalecer a conexão com essas divindades. O altar, por exemplo, é um espaço sagrado onde o Deus e a Deusa são reverenciados, onde símbolos e oferendas são dispostos para honrá-los e onde o praticante pode se conectar com suas energias. Esse altar é um reflexo do universo, um microcosmo onde o praticante estabelece um elo com as forças cósmicas e com o próprio poder interno.

Ao longo da jornada, o relacionamento com o Deus e a Deusa se torna uma fonte de inspiração, força e conforto. Eles representam, juntos, o mistério da criação, o poder da natureza e a eternidade da alma. Na Wicca, essa conexão não é uma devoção cega, mas um convite à exploração do sagrado, à compreensão dos ciclos da vida e à aceitação das dualidades que compõem o todo. O Deus e a Deusa são companheiros, energias que acompanham e guiam o praticante ao longo de sua vida, lembrando-o de que a magia e o divino estão em cada ato de amor, em cada respiração, e em cada elemento da natureza.

A relação com o Deus e a Deusa, portanto, vai além de veneração; é uma forma de viver em sintonia com o universo, de sentir-se parte de um todo maior e de encontrar o divino em todas as formas de vida. Na Wicca, os deuses não são entidades distantes, mas forças vivas que habitam a Terra, o céu, as águas e o fogo, e que se manifestam em cada folha, em cada estrela e no coração de cada ser. É por meio dessa compreensão profunda e dessa conexão pessoal que o wiccano encontra o caminho para a harmonia, para o amor e para o respeito pelo ciclo eterno do nascimento, da morte e do renascimento.

Capítulo 4
Elementos Naturais

Na tradição Wicca, os elementos da natureza são as forças fundamentais que compõem o universo, energias essenciais que dão forma e vida a tudo o que existe. A Terra, o Ar, o Fogo e a Água não são apenas substâncias materiais; são, sobretudo, forças sagradas que carregam atributos próprios e, ao mesmo tempo, interagem de maneira dinâmica e poderosa. Estes elementos formam a base sobre a qual os rituais e práticas wiccanas são estruturados, atuando como intermediários entre o mundo físico e o espiritual. Cada um deles representa uma expressão da criação e possui correspondências específicas que conectam o praticante com o universo e com o divino.

A Terra é o primeiro dos elementos, e, na Wicca, ela simboliza estabilidade, segurança e a base de todas as coisas. É o elemento que representa o lar, o corpo físico e tudo o que é tangível e concreto. A Terra está associada ao Norte, direção que carrega consigo o mistério das montanhas, das cavernas e dos vales sombrios, lugares de profundidade e sabedoria ancestral. A Terra é considerada a mãe generosa que nutre e sustenta todas as criaturas. Em sua energia, há o acolhimento, a paciência e a força, como o próprio solo que nos sustenta. Nos rituais, os praticantes invocam a Terra para buscar estabilidade, proteção e conexão com as raízes e com a herança espiritual.

Além de sua relação com o Norte, a Terra possui correspondências que se manifestam em pedras, cristais, plantas e na própria cor verde, que simboliza o crescimento e a vitalidade. Trabalhar com o elemento Terra envolve práticas de enraizamento e de conexão com o corpo físico, reconhecendo-o como um templo sagrado. Essa energia nos ensina a valorizar o presente, a paciência e a resiliência. Em muitos rituais, elementos da Terra, como cristais e sal, são utilizados para fortalecer o círculo sagrado e trazer proteção. A Terra representa a abundância e a continuidade da vida, lembrando que cada semente plantada tem o potencial de florescer e se tornar algo grandioso.

O Ar, o segundo elemento, é o sopro da vida, o movimento e a comunicação. Ele é o elemento que simboliza o pensamento, a inspiração e a liberdade. Na roda da magia wiccana, o Ar está associado ao Leste, ponto onde o sol nasce e traz consigo a promessa de um novo começo. O Ar representa a mente, a imaginação e a clareza de pensamento, energias que são essenciais para visualizar e manifestar intenções. Ele é leve, invisível e livre, movendo-se rapidamente e espalhando suas influências por todos os lugares. Quando o praticante invoca o Ar, busca claridade mental, expansão de ideias e uma abertura espiritual que permita ouvir as mensagens do universo.

No trabalho com o elemento Ar, utilizam-se ferramentas como incensos, penas e sinos, que ajudam a invocar sua essência sutil. O Ar está conectado ao intelecto e aos estudos, e sua energia é frequentemente chamada em feitiços e rituais que envolvem comunicação, aprendizado e novas ideias. Ele nos ensina a importância da flexibilidade e da adaptabilidade, revelando que os pensamentos, como o vento, podem nos levar a novos horizontes. Para os wiccanos, o Ar também é o meio pelo qual as preces e os desejos chegam aos deuses, carregados pelo vento para além do físico, em direção ao reino espiritual.

O Fogo, o terceiro elemento, é a chama da criação e da transformação. É a energia que representa a paixão, a força de vontade e a mudança. Na Wicca, o Fogo está associado ao Sul, direção da luz, do calor e do meio-dia, quando o sol está em seu auge. O Fogo é tanto criador quanto destruidor; ele purifica, ilumina e transforma tudo o que toca. Nos rituais, o Fogo é invocado para trazer coragem, determinação e purificação. Ele é o elemento que simboliza o espírito em sua forma mais pura, a centelha divina que reside dentro de cada ser.

    Ao trabalhar com o Fogo, os wiccanos utilizam velas, fogueiras e até mesmo o próprio calor do corpo como símbolos e fontes de energia. As cores vermelho e laranja estão associadas ao Fogo e refletem sua intensidade e vitalidade. Este elemento nos ensina sobre a transformação e o poder da renovação, lembrando que, assim como a fênix que renasce das cinzas, cada final pode ser o início de uma nova jornada. O Fogo é uma energia vital para os feitiços que envolvem paixão, coragem e proteção, trazendo a chama da vida ao círculo sagrado e elevando as intenções dos praticantes ao divino.

    Por fim, a Água, o quarto elemento, é o fluxo da emoção e da intuição. Na tradição Wicca, a Água é associada ao Oeste, a direção do pôr do sol e do crepúsculo, onde os mistérios se aprofundam e o inconsciente emerge. A Água representa as emoções, a intuição e a cura. Sua energia é fluida, mutável e acolhedora, como o oceano que recebe todos os rios. A Água é a essência da vida, pois onde há água, há potencial de crescimento e renovação. Quando os praticantes invocam a Água, buscam a sensibilidade, a empatia e a paz interior.

    A Água está presente nos rituais por meio de recipientes com água, taças e até mesmo conchas, que simbolizam o fluxo constante e o poder da cura. A cor azul é atribuída a este elemento e reflete sua serenidade e profundidade emocional. Trabalhar com a energia da Água é um exercício de conexão com o coração e com os sentimentos, permitindo que o praticante explore suas próprias emoções e compreenda o que está oculto em sua psique. Em feitiços de cura, de intuição e de conexão espiritual, a Água atua como um canal que facilita o contato com os mundos interiores e com as forças invisíveis.

    Juntos, esses quatro elementos formam a base da prática wiccana, cada um representando um aspecto do todo e refletindo uma parte da natureza divina. Em rituais, os elementos são invocados para criar um círculo sagrado, um espaço entre os mundos onde o físico e o espiritual se encontram. Cada elemento é chamado para guardar uma das direções do círculo: a Terra no Norte, o Ar no Leste, o Fogo no Sul e a Água no Oeste. Esses guardiões elementais protegem o espaço sagrado e trazem suas qualidades, ajudando o praticante a manter o foco e a concentração, além de assegurar que a energia do ritual seja canalizada de forma segura e equilibrada.

A prática de invocar os elementos também é uma forma de honrar a interdependência de todas as coisas. A Wicca ensina que todos os seres e forças estão conectados e que o equilíbrio entre os elementos é essencial para o bem-estar do planeta e do indivíduo. Os quatro elementos representam, ainda, o próprio ser humano, onde a Terra é o corpo, o Ar é a mente, o Fogo é o espírito e a Água é a emoção. Trabalhar com esses elementos permite ao praticante alinhar-se com o mundo natural, reconhecer sua própria composição sagrada e entender que ele, como parte da natureza, também carrega em si essas energias.

Ademais, os elementos possuem correspondências com diferentes aspectos da magia e da vida. A Terra, com sua estabilidade, é chamada em feitiços de prosperidade e segurança. O Ar, com sua leveza e liberdade, é invocado em rituais de comunicação e sabedoria. O Fogo, com sua paixão e poder, é utilizado em feitiços de transformação e proteção. A Água, com sua fluidez e profundidade, é essencial em práticas de cura e intuição. Conhecer e compreender essas correspondências amplia o poder do praticante, permitindo-lhe utilizar a energia dos elementos de maneira mais consciente e eficaz.

Para os wiccanos, os elementos naturais são mais do que ferramentas: eles são companheiros e guias. Interagir com eles é uma forma de honrar a natureza, de aprender com as suas lições e de reconhecer o próprio poder interior. Ao longo dos séculos, a prática de trabalhar com os elementos permaneceu essencial para aqueles que buscam equilíbrio e harmonia, pois eles representam o fluxo eterno do universo, onde cada coisa tem seu lugar, seu tempo e seu propósito. Na Wicca, os elementos ensinam o valor da conexão e do respeito, recordando aos praticantes que, em última análise, somos todos feitos de Terra, Ar, Fogo e Água, dançando na eterna espiral da vida.

Capítulo 5
Altar Básico

O altar, na tradição Wicca, é o ponto de conexão sagrado entre o praticante e o divino. Ele é mais do que um simples espaço físico; é um lugar onde as energias se concentram, onde os elementos e as intenções se encontram para criar uma ponte entre o visível e o invisível. No altar, o praticante reúne símbolos, ferramentas e oferendas que representam sua devoção e suas intenções, criando um ambiente que reflete tanto o universo como o seu próprio espírito. Cada item disposto nesse espaço possui um significado específico, e juntos, eles formam um microcosmo do todo.

Escolher o local para o altar é o primeiro passo, e essa escolha deve ser feita com cuidado e intuição. Tradicionalmente, ele é posicionado em um local que permita ao praticante estar em contato direto com a natureza, seja ao ar livre, em um jardim ou perto de uma janela por onde o sol ou a lua possam brilhar. Esse local deve ser tranquilo, um refúgio que inspire serenidade e introspecção, e onde o praticante sinta uma ligação com as forças naturais e espirituais. Na impossibilidade de um espaço externo, o altar também pode ser montado em um cômodo reservado da casa, longe de interrupções e de olhares curiosos, para que o praticante possa realizar seus rituais em paz.

O altar pode ser montado sobre qualquer superfície, desde uma mesa ou um banco, até mesmo uma pedra plana na natureza. O importante é que ele seja um espaço estável e seguro, onde os elementos e as ferramentas possam ser dispostos de forma harmoniosa e onde o praticante possa acessá-los facilmente durante suas práticas. A disposição dos itens no altar não segue uma regra rígida, mas geralmente reflete a organização dos elementos e das direções. É comum que o praticante posicione o elemento Terra ao Norte, o Ar ao Leste, o Fogo ao Sul e a Água ao Oeste, refletindo o círculo sagrado que forma a base dos rituais wiccanos.

Um altar básico na Wicca geralmente inclui itens que representam o Deus e a Deusa, os elementos e as ferramentas sagradas. O praticante pode escolher figuras, velas ou símbolos que expressem o poder e a essência do Deus e da Deusa. Muitas vezes, duas velas ou estatuetas são colocadas no altar, uma para o Deus e outra para a Deusa, simbolizando a dualidade e a união do sagrado masculino e feminino. Essas representações divinas não são vistas apenas como figuras, mas como canais que ajudam o praticante a se conectar com as energias cósmicas durante os rituais.

A Terra, o Ar, o Fogo e a Água também são representados no altar, cada um com um objeto simbólico. Para a Terra, o praticante pode escolher um cristal, uma pedra, ou até mesmo um pouco de solo, que simboliza estabilidade e força. O Ar, frequentemente, é representado por incenso ou uma pena, refletindo a leveza e a liberdade desse elemento. O Fogo pode ser simbolizado por uma vela, cuja chama traz a energia transformadora e o calor do elemento. Já a Água pode ser representada por uma taça ou um pequeno recipiente com água, lembrando a fluidez e a intuição desse elemento. Esses itens não são apenas simbólicos; eles canalizam as energias dos elementos, ajudando a criar um ambiente harmonioso e protegido.

Outro componente essencial no altar é o athame, uma faca de lâmina dupla que simboliza a vontade e o poder do praticante. Embora o athame raramente seja utilizado para cortes físicos, ele é uma ferramenta poderosa de direcionamento de energia, especialmente ao traçar o círculo mágico ou ao invocar os elementos. O athame geralmente é colocado no altar no lado direito, o que representa a ação e a força, alinhando-se com o elemento Fogo. Sua presença no altar reforça o propósito e o foco do ritual, ajudando o praticante a canalizar suas intenções de maneira clara e direta.

Além do athame, o altar pode incluir uma varinha, uma taça e um pantáculo, cada uma dessas ferramentas com funções e simbolismos próprios. A varinha, por exemplo, é uma extensão do poder do praticante, usada para direcionar energia e estabelecer uma conexão com os espíritos da natureza e com os deuses. Já a taça, que geralmente representa o elemento Água e o útero da Deusa, é usada para conter líquidos sagrados, como a água purificada ou o vinho, e é um símbolo da receptividade e da nutrição espiritual. O pantáculo, que é um disco com um símbolo esculpido ou desenhado, representa a Terra e é usado para consagrar objetos e alimentos, além de servir como ponto focal para o altar.

Ao consagrar o altar, o praticante prepara o espaço para receber as energias sagradas e se abre para a conexão com o divino. A consagração é um ritual em si, onde cada item do altar é purificado e energizado com intenção. Existem várias maneiras de consagrar um altar, mas a prática mais comum envolve o uso dos quatro elementos. O praticante pode passar cada objeto sobre uma chama, borrifar com água purificada, esfregar com sal ou terra, e finalmente, incensá-lo com ervas sagradas, pedindo ao Deus e à Deusa que abençoem o espaço e suas ferramentas. Esse ritual de consagração é uma forma de dedicar o altar à prática espiritual, limpando-o de qualquer energia residual e impregnando-o com intenções de luz, proteção e harmonia.

Com o altar consagrado, o praticante transforma o espaço em um lugar de poder, onde o físico e o espiritual se encontram. O altar se torna uma extensão da própria energia do praticante, refletindo sua devoção e sua conexão com os deuses e com a natureza. É um local que não apenas reúne os elementos e as ferramentas, mas também abriga as intenções, as preces e as meditações, sendo um ponto de equilíbrio e serenidade. Muitos wiccanos visitam seu altar diariamente, mesmo que apenas para acender uma vela, realizar uma breve meditação ou deixar uma oferenda, mantendo a conexão com o sagrado viva e presente.

Ao longo do tempo, o altar se adapta às estações e aos ciclos da Roda do Ano. Nos Sabbats, os praticantes decoram o altar com elementos sazonais, como flores na primavera, frutas no verão, folhas secas no outono e pinhas ou ramos de pinheiro no inverno. Esses símbolos refletem a natureza em transformação e ajudam o praticante a alinhar sua prática com as energias específicas de cada estação. Dessa forma, o altar torna-se um espelho do universo e das mudanças naturais, acompanhando o fluxo cíclico da vida.

Além disso, o altar é um lugar onde o praticante guarda seu grimório, um livro pessoal onde anota feitiços, orações, ensinamentos e experiências. Este livro, frequentemente chamado de Livro das Sombras, é uma ferramenta de aprendizado e de autoconhecimento, onde cada anotação representa uma parte da jornada espiritual. Assim, o altar é mais do que um local físico; é um testemunho da busca do praticante pela sabedoria, pelo autoconhecimento e pela união com o divino.

O altar também pode incluir oferendas, que são expressões de gratidão e de devoção aos deuses e aos espíritos da natureza. Essas oferendas podem ser flores, frutas, grãos, ervas ou qualquer item que tenha um significado especial para o praticante. Ao deixar uma oferenda no altar, o wiccano está fortalecendo sua ligação com as forças divinas e retribuindo ao universo as bênçãos recebidas. As oferendas também são uma forma de pedir proteção, orientação e apoio, demonstrando humildade e reverência pelo mistério sagrado da vida.

Manter o altar limpo e organizado é um reflexo da disciplina e do respeito do praticante pela sua prática espiritual. Limpar o altar é, por si só, um ato de devoção, onde o praticante remove o pó e reorganiza os itens, renovando as energias do espaço. Muitos wiccanos veem a limpeza do altar como um momento de introspecção e de reconexão com seu propósito espiritual, um tempo dedicado a alinhar a mente e o coração antes de cada ritual ou meditação.

Na Wicca, o altar é, em última análise, um local de transformação e de crescimento. Ele é o centro de toda prática, um ponto de equilíbrio que permite ao praticante se abrir para o divino, para as energias da natureza e para seu próprio eu interior. Cada item no altar é escolhido com intenção e carinho, representando não apenas os elementos e as ferramentas, mas também a devoção e o compromisso do praticante com seu caminho espiritual. O altar é uma extensão do coração e da alma do wiccano, onde o físico e o sagrado se encontram e onde a magia ganha vida.

Capítulo 6
Ferramentas Sagradas

No caminho da Wicca, as ferramentas sagradas desempenham um papel central na prática ritualística e no fortalecimento da conexão com o mundo espiritual e os elementos. Embora cada ferramenta tenha um propósito específico, todas são utilizadas como extensões da vontade e da energia do praticante. Mais do que objetos físicos, essas ferramentas são símbolos de poder, meios pelos quais as energias são dirigidas e transformadas. Cada uma carrega um significado particular e representa uma faceta do universo, servindo tanto para o desenvolvimento pessoal quanto para os rituais de cura, proteção, bênçãos e invocação.

Uma das principais ferramentas sagradas é o **athame**, uma faca de lâmina dupla que simboliza a vontade do praticante e a energia do elemento Fogo ou Ar, dependendo da tradição. Embora o athame raramente seja utilizado para cortar fisicamente, ele é uma ferramenta poderosa para direcionar energias, traçar o círculo mágico e invocar os elementos. Em muitas tradições wiccanas, o athame é considerado uma extensão do poder do praticante, sendo manuseado com profundo respeito e concentração. A lâmina do athame, por ser de dois gumes, simboliza o equilíbrio entre o consciente e o inconsciente, entre a luz e a sombra, refletindo a natureza dual da magia.

Outro instrumento importante é a **varinha**, que representa a comunicação entre o praticante e os espíritos da natureza, assim como com os deuses e as forças cósmicas. Geralmente feita de madeira, a varinha pode ser esculpida de acordo com o desejo e a personalidade do praticante, incorporando pedras, símbolos ou entalhes. A varinha é associada ao elemento Ar, e muitas vezes é usada para invocar as forças elementais, traçar o círculo e direcionar energias suaves, como as que envolvem cura e bênçãos. Escolher uma varinha é um processo intuitivo, onde o praticante busca uma madeira que ressoe com sua própria energia ou com o propósito para o qual pretende usá-la. Cada tipo de madeira possui atributos específicos, e a escolha reflete o tipo de energia que o praticante deseja trabalhar.

A **taça**, ou cálice, é outra ferramenta fundamental, geralmente associada ao elemento Água e ao feminino sagrado. Ela simboliza o útero da Deusa, a fonte da vida e a receptividade espiritual. Nos rituais, a taça é utilizada para conter líquidos sagrados, como água ou vinho, e muitas vezes é empregada em ritos de consagração e bênção. Quando o praticante ergue a taça, ele honra o princípio da fertilidade e da nutrição, invocando a Deusa e sua energia protetora. A taça também representa a comunhão, o compartilhar da vida e da conexão com as forças espirituais, sendo uma ferramenta que traz harmonia e paz ao círculo.

O **pantáculo** é um disco ou placa, geralmente de metal, madeira ou argila, no qual símbolos sagrados, como o pentagrama, são gravados ou desenhados. Esse objeto representa o elemento Terra e é uma ferramenta de proteção e consagração. O pantáculo serve como um ponto de ancoragem, um objeto que concentra as energias e cria um espaço sagrado dentro do altar. Durante os rituais, ele é usado para abençoar outros itens, para consagrar amuletos e para estabilizar as energias. O pantáculo lembra ao praticante a importância da base sólida, da proteção e da permanência, sendo um símbolo da Terra que conecta o praticante com o mundo material e espiritual.

O **caldeirão** é uma das ferramentas mais simbólicas da Wicca, associado à transformação e ao renascimento. Ele representa o ventre da Deusa, o lugar onde a vida e a magia são geradas e onde as intenções tomam forma. Tradicionalmente, o caldeirão é feito de ferro e tem três pés, simbolizando as três fases da Deusa: Donzela, Mãe e Anciã. Em rituais, o caldeirão pode ser utilizado para queimar ervas, realizar feitiços de transformação ou servir como recipiente de água para refletir a luz da lua em rituais de adivinhação. O caldeirão é uma ferramenta de alquimia espiritual, onde o praticante mistura os elementos e transforma suas intenções em realidade.

Além dessas ferramentas principais, a Wicca utiliza uma série de outros instrumentos que complementam os rituais e ajudam a canalizar a energia do praticante. Um exemplo são as **velas**, que representam o elemento Fogo e são usadas em praticamente todos os rituais. A chama de uma vela é uma manifestação direta da força vital e da iluminação espiritual, sendo um ponto focal que ajuda o praticante a concentrar sua mente e sua intenção. Cada cor de vela possui um significado específico: velas brancas trazem pureza e paz; vermelhas simbolizam paixão e coragem; verdes representam abundância e cura; e pretas são utilizadas para proteção e banimento de energias negativas.

Os **incensos** também são utilizados para invocar o elemento Ar e para purificar o ambiente, auxiliando na elevação da mente e na criação de uma atmosfera sagrada. Cada tipo de erva ou resina queima com um propósito específico: a lavanda promove a paz e o relaxamento; o alecrim limpa e protege; o sândalo eleva a espiritualidade; e o olíbano fortalece a conexão com o divino. Ao queimar incenso, o praticante liberta as propriedades das ervas, criando um véu sutil que separa o mundo físico do espiritual e facilita o contato com as energias superiores.

Outro objeto sagrado é o **sino**, utilizado para invocar boas energias e afastar as negativas. O som do sino é visto como uma vibração que purifica o ambiente, criando uma proteção sonora ao redor do praticante e do círculo. O sino é frequentemente tocado no início e no final dos rituais, como uma forma de marcar a transição entre o espaço mundano e o espaço sagrado, além de servir como uma saudação aos deuses e aos elementos.

A **vassoura** também é uma ferramenta significativa na Wicca, embora raramente seja usada como uma ferramenta mágica direta. Associada ao elemento Terra e ao poder feminino, a vassoura é usada para "varrer" o círculo e limpar energias antes de iniciar um ritual. Ela simboliza a purificação e a preparação do espaço, e sua presença no altar ou no local de prática assegura que o ambiente esteja livre de influências externas e pronto para receber as energias invocadas.

Outro item comum é o **bolline**, uma faca de cabo branco usada exclusivamente para cortar ervas e outros materiais necessários nos rituais. Ao contrário do athame, que é um símbolo e uma extensão do praticante, o bolline tem uma função prática, sendo utilizado para preparar as ervas e os materiais necessários para os feitiços. O bolline lembra ao praticante a importância da preparação e do cuidado com os detalhes, enfatizando que a prática espiritual requer disciplina e atenção.

As ferramentas sagradas da Wicca não são meros objetos; elas são instrumentos de conexão e de manifestação de poder. Cada uma, ao ser consagrada, recebe a energia do praticante e se torna um canal que potencializa sua intenção e fortalece seu vínculo com o sagrado. A consagração dessas ferramentas é um ritual importante, pois purifica e prepara cada instrumento, impregnando-o com uma energia que estará em sintonia com o praticante. Esse processo pode envolver a passagem das ferramentas pelos quatro elementos — passando-as sobre uma chama, borrifando-as com água, esfregando-as com sal e incensando-as — pedindo ao Deus e à Deusa que abençoem e consagrem cada uma delas.

O relacionamento entre o praticante e suas ferramentas é pessoal e profundo. Com o tempo, elas absorvem e refletem as energias de seus rituais, tornando-se extensões do próprio praticante e guardiãs de sua magia. Muitas dessas ferramentas são guardadas com zelo e podem ser passadas de geração em geração, carregando a tradição e a sabedoria daqueles que as utilizaram. O respeito e o cuidado com esses objetos refletem o compromisso do praticante com seu caminho espiritual e com o sagrado, uma devoção que transcende o material e se estende ao mundo espiritual.

Essas ferramentas representam o elo entre o visível e o invisível, sendo símbolos tangíveis de um mundo onde a magia e o divino estão sempre presentes. O praticante wiccano vê em cada item não apenas um instrumento, mas um portal para o mistério e para a beleza do universo, um reflexo de sua própria alma em comunhão com as forças que sustentam toda a criação.

Capítulo 7
Círculo Mágico

Na prática da Wicca, o círculo mágico é um espaço sagrado, um portal onde o praticante se encontra entre os mundos, em uma dimensão de proteção e de comunhão com o divino. Traçar o círculo é uma etapa essencial nos rituais, uma forma de concentrar as energias e de proteger o praticante de influências externas. Esse espaço é mais do que uma simples delimitação física; ele é uma barreira energética que marca o limite entre o mundo material e o espiritual, um campo onde o sagrado se manifesta e onde o praticante pode trabalhar suas intenções em segurança.

O processo de traçar o círculo começa com uma preparação mental e espiritual. Antes de qualquer ritual, o praticante deve estar em um estado de concentração, com sua mente e corpo em harmonia, livre de distrações. Muitas vezes, esse preparo envolve práticas de respiração profunda e visualização, onde o praticante visualiza uma luz pura e protetora ao seu redor. Este é o momento de limpar a mente e se alinhar com suas intenções, permitindo que as energias fluam livremente e de maneira clara, de modo que o círculo mágico possa ser traçado com precisão e poder.

Para traçar o círculo, o praticante pode utilizar uma variedade de ferramentas, dependendo de suas preferências e tradições. O athame é comumente escolhido, mas uma varinha ou até mesmo a mão dominante podem ser usadas para desenhar o contorno energético. Enquanto traça o círculo, o praticante visualiza uma linha de luz brilhante que cresce a partir da ponta do instrumento escolhido, criando uma barreira invisível mas poderosa ao seu redor. Esse traçado é feito no sentido horário, o que na Wicca é chamado de deosil, simbolizando o movimento do sol e a energia da criação.

Durante o traçado do círculo, o praticante pode murmurar palavras sagradas, invocando o poder do Deus e da Deusa ou chamando a proteção dos quatro elementos — Terra, Ar, Fogo e Água — que irão guardar as quatro direções do círculo. Essa invocação é uma parte crucial, pois estabelece uma conexão com os elementos e com as forças divinas, criando um ambiente seguro e energeticamente equilibrado para o ritual. Cada direção é visualizada como um ponto de luz e poder, onde o praticante sente a presença e a força de cada elemento.

O Norte, guardado pela Terra, traz estabilidade e segurança ao círculo, fornecendo uma base sólida e ancorando o praticante em seu trabalho. O Leste, guardado pelo Ar, oferece clareza e inspiração, permitindo que a mente do praticante se abra e que as energias fluam com leveza. No Sul, o Fogo proporciona coragem, vitalidade e força, energizando o círculo e intensificando as intenções do praticante. Por fim, o Oeste, guardado pela Água, traz intuição, fluidez e paz, lembrando o praticante da importância de estar conectado com suas emoções e com sua sensibilidade. Cada elemento ocupa um papel essencial, e juntos, eles formam um equilíbrio perfeito, um círculo de forças que protege e intensifica o ritual.

Com o círculo traçado e os elementos invocados, o praticante agora está em um espaço sagrado, entre o mundo físico e o espiritual. Dentro desse círculo, o tempo e o espaço assumem um significado diferente, como se o praticante estivesse em uma dimensão paralela onde as leis naturais podem ser suspensas. Esse é o espaço onde os feitiços, as preces e as invocações se tornam mais intensos, um lugar onde as energias circulam sem dispersão, criando um ambiente propício para a prática mágica. Os rituais realizados dentro do círculo são protegidos, e o praticante tem a liberdade de explorar e trabalhar com forças espirituais sem interferências externas.

O círculo mágico também tem uma função de autocontrole e de disciplina espiritual. Ao traçar o círculo, o praticante está comprometendo-se a manter o foco e a respeitar as energias invocadas. O círculo exige que o praticante esteja totalmente presente, em um estado de mente aberta e preparada para o que está prestes a acontecer. Ele também funciona como uma espécie de amplificador, intensificando as intenções e os desejos do praticante, permitindo que cada ação e pensamento se fortaleçam e se manifestem de maneira mais poderosa.

Ao longo do ritual, o círculo não é uma barreira estática, mas uma esfera viva de energia que pulsa e responde às intenções do praticante. Em rituais mais complexos, o círculo pode ser reforçado em diferentes momentos, à medida que as energias invocadas aumentam e se intensificam. Alguns praticantes preferem reforçar o círculo durante o ritual, visualizando-o como uma parede de luz que se expande e se fortalece. Isso é feito com o propósito de garantir que as energias permaneçam contidas e protegidas, assegurando que nada interfira no processo mágico.

Quando o ritual chega ao fim, é importante que o praticante desfaça o círculo com o mesmo respeito e concentração com que foi traçado. Esse processo de desmantelamento é chamado de "fechar o círculo" e é feito no sentido anti-horário, ou widdershins, para desmanchar a barreira energética e devolver as energias ao universo. Durante o fechamento, o praticante agradece aos elementos por sua presença e proteção, reconhecendo o apoio que proporcionaram ao longo do ritual. Em alguns casos, palavras de gratidão são ditas para cada direção, e o círculo é visualizado se dissipando suavemente, como uma névoa que se dispersa.

Esse ato de desfazer o círculo é tão sagrado quanto o de traçá-lo. É uma forma de honrar as energias invocadas e de garantir que tudo retorne ao seu estado natural, com respeito e harmonia. Para muitos praticantes, o fechamento do círculo é um momento de introspecção, onde eles refletem sobre a experiência e sobre as energias que canalizaram. Esse encerramento é uma maneira de assegurar que nenhum resíduo energético permaneça no ambiente e que o praticante, ao sair do círculo, esteja em um estado de equilíbrio e clareza.

A prática do círculo mágico é, em muitos aspectos, uma metáfora para o caminho da Wicca como um todo. Assim como o círculo protege e concentra as energias, a Wicca ensina o praticante a encontrar seu próprio espaço sagrado, onde ele pode explorar e expandir sua espiritualidade com segurança e responsabilidade. O círculo é uma representação da vida e do universo, uma estrutura de respeito e de harmonia, onde o praticante pode honrar os deuses, os elementos e a si mesmo.

O círculo mágico, então, não é apenas um lugar físico, mas um estado de consciência. Cada vez que o praticante traça o círculo, ele renova sua conexão com as forças naturais e com o divino, fortalecendo seu compromisso com a prática espiritual. É um lembrete de que, na Wicca, tudo é cíclico e interconectado, e de que o praticante é parte de uma teia infinita de energias e de vida. Ao traçar o círculo, ele se torna um com essa teia, transformando o ritual em um ato de união com o cosmos e de respeito pelo mistério e pela beleza da existência.

Capítulo 8
Meditação Inicial

A meditação na prática wiccana é mais do que um exercício de introspecção; é uma porta de entrada para o autoconhecimento e para a conexão com as energias naturais. Desde o início, o praticante é convidado a desenvolver uma prática meditativa que o ajude a sintonizar-se com o mundo ao seu redor e a encontrar um estado de equilíbrio interno. A meditação inicial é, portanto, um ponto essencial de partida na jornada wiccana, proporcionando ao praticante a capacidade de se centrar, de purificar sua mente e de abrir seu coração para o sagrado.

A meditação envolve diversas técnicas, mas na Wicca, a ênfase está em alcançar um estado de relaxamento profundo e de receptividade espiritual. Para iniciar, o praticante escolhe um espaço tranquilo, onde possa sentar-se confortavelmente e dedicar alguns minutos apenas à prática. É comum que ele se sente em uma posição relaxada, com a coluna ereta, em um ambiente onde possa se conectar com a natureza, seja em um jardim, um parque ou próximo a uma janela aberta. Mesmo dentro de casa, a presença de elementos naturais, como plantas, cristais ou velas, pode ajudar a criar um ambiente propício para a meditação.

A prática da respiração é o primeiro passo para se alcançar o estado de tranquilidade necessário. A respiração profunda, também chamada de respiração consciente, permite que o praticante libere tensões e comece a criar um fluxo de energia equilibrado em seu corpo. O praticante inspira profundamente, contando até quatro, retém a respiração por um breve momento e, em seguida, expira contando até quatro novamente. Esse ritmo lento e constante traz calma à mente e ajuda a concentrar a atenção. Com cada respiração, ele visualiza uma luz clara entrando e purificando seu corpo, removendo bloqueios e trazendo paz.

À medida que o praticante se aprofunda na respiração, ele começa a centrar sua mente, afastando os pensamentos dispersos e direcionando sua atenção para o momento presente. Este estado de centralização é fundamental na prática wiccana, pois permite que o praticante entre em contato com seu eu interior, reconhecendo suas próprias emoções, desejos e intenções. Muitas vezes, o praticante visualiza uma luz dourada ou verde no centro de seu peito, na altura do coração, e permite que essa luz cresça e o envolva, proporcionando um sentimento de segurança e harmonia. Essa técnica, chamada de "ancoragem", ajuda a manter a mente focada e a criar uma conexão profunda com a própria essência.

A centralização é especialmente importante quando o praticante está prestes a realizar um ritual ou um feitiço. É um exercício que alinha suas energias e intenções, garantindo que ele esteja plenamente consciente de seus objetivos e de suas emoções. Na Wicca, é essencial que o praticante saiba o que deseja alcançar antes de iniciar qualquer prática mágica, e a centralização é uma ferramenta que proporciona essa clareza, permitindo que ele defina claramente suas intenções e que compreenda o impacto de suas ações.

Outra prática importante dentro da meditação inicial é a visualização, um recurso poderoso que permite ao praticante ver e sentir aquilo que deseja manifestar. Na Wicca, a visualização é utilizada para criar imagens mentais de proteção, de prosperidade ou de cura, ajudando o praticante a se conectar com suas intenções de forma concreta. Em sua essência, a visualização é uma forma de magia, onde o praticante constrói uma realidade em sua mente e a projeta no universo. Por exemplo, se ele busca proteção, pode visualizar-se envolto em uma luz dourada ou azul que o protege e repele qualquer energia negativa.

A visualização também é utilizada para se conectar com os elementos da natureza. O praticante pode imaginar-se de pé em uma floresta, sentindo a Terra sob seus pés, respirando o Ar fresco, aquecido pelo calor do Fogo e purificado pela presença da Água. Essa prática ajuda a fortalecer o elo com os elementos e a perceber a unidade entre ele e o universo. Para muitos wiccanos, visualizar-se em um ambiente natural traz serenidade e inspiração, permitindo que eles se sintam parte integrante do ciclo da vida e da teia da existência.

Além disso, a meditação inicial é um exercício que permite ao praticante desenvolver sua sensibilidade para as energias sutis. Ao praticar a meditação regularmente, ele começa a perceber as flutuações de energia ao seu redor, seja a energia de um espaço, de uma pessoa ou de um objeto. Essa sensibilidade é essencial na prática wiccana, pois permite que o praticante sinta a presença dos elementos, das divindades e das intenções durante os rituais. A meditação ajuda a "afinar" a percepção espiritual, transformando a sensibilidade em um recurso valioso para o trabalho mágico e espiritual.

Outra prática comumente realizada na meditação inicial é a conexão com o espírito animal ou guia espiritual, uma figura simbólica que representa qualidades e ensinamentos que o praticante precisa integrar em sua jornada. Durante a meditação, o praticante pode visualizar-se em um lugar especial, onde encontra seu guia ou seu espírito animal. Essa figura é vista como um conselheiro, um protetor e um amigo que oferece apoio e sabedoria. Cada encontro é único e carrega uma mensagem específica, que ajuda o praticante a compreender melhor suas próprias emoções, desafios e qualidades.

Para a Wicca, a meditação não é apenas um exercício de relaxamento, mas uma prática de autodescoberta e de fortalecimento da conexão com o divino. Ao meditar, o praticante abre-se para a sabedoria que vem de seu interior e do universo, compreendendo que o conhecimento e o poder estão dentro dele. A meditação inicial é o começo dessa descoberta, uma prática simples que se torna a base para todas as demais práticas, sejam elas de magia, de cura ou de comunhão com os deuses.

Com o tempo, a prática meditativa desenvolve-se e pode incluir técnicas mais avançadas, como a meditação guiada e a jornada espiritual. Na meditação guiada, o praticante segue uma visualização ou uma história que o conduz a um estado profundo de introspecção, onde ele explora aspectos específicos de sua vida ou de sua espiritualidade. A jornada espiritual, por outro lado, é uma experiência ainda mais intensa, onde o praticante busca encontrar-se com figuras arquetípicas, com os deuses ou com seus próprios ancestrais, explorando camadas mais profundas de sua consciência e de sua espiritualidade.

A meditação inicial é, portanto, uma ferramenta que promove o crescimento espiritual, a clareza mental e o equilíbrio emocional. É uma prática que pode ser realizada diariamente, trazendo benefícios para o bem-estar físico, mental e espiritual do praticante. Além disso, é uma forma de preparar-se para os rituais e para as práticas mágicas, permitindo que o praticante esteja em um estado de receptividade e de harmonia antes de qualquer trabalho espiritual.

Por meio da meditação, o praticante aprende a confiar em sua própria intuição, desenvolvendo a confiança e a capacidade de ouvir a voz interna que o guia em sua jornada. Essa prática de introspecção é, muitas vezes, um momento de revelação e de sabedoria, onde o praticante encontra respostas para suas dúvidas e fortalece sua fé em si mesmo e no caminho espiritual que escolheu seguir.

A meditação inicial, então, não é apenas o primeiro passo, mas um pilar fundamental na caminhada wiccana. Ela fortalece o vínculo do praticante com sua essência e com o divino, ajudando-o a encontrar paz, força e sabedoria. Essa prática simples e profunda ensina o wiccano a respeitar o silêncio, a honrar o tempo e a mergulhar nas profundezas de sua própria alma, onde reside a chama eterna do conhecimento e da transformação.

Capítulo 9
Ciclos Lunares

Na Wicca, a Lua é um símbolo poderoso de mudança e de mistério, um guia que ilumina o caminho dos praticantes através dos ciclos da natureza e da própria espiritualidade. Cada fase da Lua representa uma energia distinta, uma oportunidade para sintonizar-se com os diferentes aspectos da vida e para realizar trabalhos mágicos que reflitam esses ritmos. A Lua é reverenciada como uma manifestação da Deusa, e seus ciclos são vistos como expressões de nascimento, crescimento, plenitude e renovação. Para o praticante wiccano, compreender e trabalhar com as fases lunares é uma maneira de alinhar-se com o sagrado e de explorar o fluxo contínuo da criação e da transformação.

O ciclo lunar começa com a **Lua Nova**, uma fase de escuridão e de silêncio que representa o início e o potencial. A Lua Nova é um momento de introspecção, onde o praticante volta-se para si mesmo, buscando compreender suas intenções mais profundas e preparar-se para o que deseja manifestar. Essa fase é ideal para plantar novas ideias, para definir objetivos e para lançar intenções que crescerão ao longo do ciclo lunar. Trabalhar com a Lua Nova envolve conectar-se com o que está oculto, com o que ainda não veio à luz, mas que carrega um potencial imenso. Muitos wiccanos aproveitam essa fase para fazer listas de intenções, definir metas e abrir-se para novas possibilidades.

Em rituais de Lua Nova, o praticante costuma usar cores escuras ou velas pretas, que simbolizam o mistério e a profundidade dessa fase. Esse é um momento de silêncio e de reflexão, onde ele pode realizar práticas de purificação e de proteção para limpar sua energia e preparar o terreno para o que deseja manifestar. É comum que, durante essa fase, os wiccanos façam oferendas à Deusa em seu aspecto de Donzela, pedindo orientação para o novo ciclo e força para seguir seus caminhos. É uma fase de renovação, onde o passado é deixado para trás e o futuro é recebido com esperança e abertura.

À medida que a Lua entra em sua **fase Crescente**, sua luz aumenta gradualmente, e com ela, a energia e o potencial de crescimento também crescem. A Lua Crescente é o momento de ação e de desenvolvimento, onde o praticante começa a nutrir e a cuidar das intenções plantadas na Lua Nova. Esse é um período de esforço e de progresso, um tempo para investir energia nos projetos e nos desejos que estão em formação. Na Wicca, a Lua Crescente é considerada um período propício para feitiços de atração, prosperidade, sucesso e aprendizado, pois reflete o crescimento e a expansão.

Durante a Lua Crescente, o praticante pode realizar rituais que envolvem o uso de velas verdes ou douradas, que simbolizam prosperidade e crescimento. Ele pode meditar sobre suas metas, visualizar o sucesso e criar pequenos talismãs ou amuletos que o ajudarão a manter o foco em seus objetivos. A energia dessa fase é dinâmica e inspiradora, encorajando o praticante a se expandir e a abraçar as oportunidades que surgem. Em muitos casos, a Lua Crescente também é um tempo para buscar novas habilidades, aprofundar o conhecimento e fortalecer os laços com a comunidade e com as forças espirituais que o guiam.

Quando a Lua atinge sua **fase Cheia**, ela está em seu ápice de luminosidade e de poder. Essa fase representa a plenitude, a realização e a conexão com o divino em sua forma mais intensa. A Lua Cheia é um momento de celebração e de gratidão, onde o praticante reconhece e agradece as bênçãos e os progressos alcançados. Nessa fase, a energia está no seu ponto máximo, e é ideal para feitiços de cura, amor, proteção e de expansão espiritual. Para os wiccanos, a Lua Cheia é a Deusa em seu aspecto de Mãe, generosa e abundante, que oferece proteção, orientação e força.

Rituais de Lua Cheia são marcados pela intensidade e pela reverência. O praticante pode usar velas brancas ou prateadas, que representam a pureza e a luz da Lua. Nesse momento, ele abre seu coração e sua mente para receber as bênçãos e para fortalecer sua conexão com a Deusa e com o Deus. É comum realizar banhos de purificação com ervas ou cristais, e muitos wiccanos aproveitam essa fase para consagrar seus instrumentos e recarregar suas pedras e amuletos com a energia da Lua. O círculo mágico traçado durante a Lua Cheia torna-se um espaço de alta energia, onde o praticante pode experimentar uma profunda conexão com o divino.

Após a plenitude da Lua Cheia, a Lua entra em sua **fase Minguante**, um período de diminuição da luz e de preparação para o descanso e a introspecção. A Lua Minguante representa a liberação, a reflexão e o desapego. Essa fase é ideal para feitiços de banimento, proteção e limpeza, pois ajuda o praticante a deixar para trás aquilo que já não lhe serve e a remover energias ou influências indesejadas. Durante a Lua Minguante, o praticante se volta para dentro, revisando suas ações e sentimentos, buscando entender o que precisa ser transformado ou purificado antes do início de um novo ciclo.

Nos rituais de Lua Minguante, o praticante pode usar velas roxas ou cinzas, cores associadas à transformação e ao desapego. Esse é um momento de introspecção, onde ele libera emoções, hábitos e padrões que podem estar bloqueando seu caminho. Meditações e práticas de purificação são comuns nessa fase, e muitos wiccanos aproveitam para limpar seu espaço físico e energético, preparando-se para a renovação que virá com a próxima Lua Nova. A Lua Minguante é a Deusa em seu aspecto de Anciã, a sábia que nos guia na introspecção e na compreensão de que a vida é feita de ciclos e de renovações constantes.

Além dessas quatro fases principais, o ciclo lunar inclui momentos de transição que também possuem significados especiais para a prática wiccana. Os três dias de **Lua Negra**, que ocorrem no final da Lua Minguante e antes da Lua Nova, são um período de profundo recolhimento e de silêncio. Na Wicca, a Lua

Negra é vista como um momento de introspecção e de conexão com as sombras interiores, um tempo para trabalhar com aspectos ocultos e para lidar com emoções ou memórias que precisam ser compreendidas e curadas. Esse é um período de mistério e de respeito, onde o praticante se permite descansar e se regenerar antes de iniciar um novo ciclo.

Outro aspecto importante do ciclo lunar são os **Esbats**, celebrações realizadas principalmente na Lua Cheia, mas também nas outras fases, dependendo da tradição. Durante os Esbats, os wiccanos se reúnem para honrar a Deusa, para agradecer pelas bênçãos e para realizar práticas de fortalecimento espiritual. Esses encontros podem ser simples ou elaborados, variando de acordo com o propósito e com o grupo que participa. Os Esbats são momentos de união, onde os praticantes compartilham suas experiências, fortalecem seus laços e renovam sua devoção ao caminho espiritual.

Para o wiccano, observar e honrar os ciclos lunares é uma maneira de aprender com os ritmos naturais e de respeitar os ciclos da própria vida. Cada fase lunar oferece uma lição, um momento de crescimento, de introspecção ou de celebração, refletindo as etapas que todos atravessam em sua jornada pessoal. Ao sintonizar-se com a Lua, o praticante encontra um ritmo que o conecta com a Terra e com o cosmos, lembrando-o de que ele é parte de algo maior, um ciclo eterno de mudança e de continuidade.

Trabalhar com as fases lunares permite que o praticante desenvolva uma maior sensibilidade para com as energias ao seu redor e dentro de si. A prática wiccana ensina que cada fase da Lua carrega um poder único, e que aprender a usá-lo é uma maneira de harmonizar-se com a natureza e com o divino. Assim, o ciclo lunar é mais do que uma sequência de fases; ele é um professor silencioso e constante, que guia o praticante na descoberta de sua própria força, de sua sabedoria e de sua conexão com a totalidade da vida.

Ao final de cada ciclo lunar, o praticante é lembrado de que, assim como a Lua, ele possui fases de luz e de escuridão, de crescimento e de repouso. O ciclo lunar é um convite à aceitação da própria natureza e à compreensão de que cada fase, com suas lições e energias, é essencial para o equilíbrio e para o desenvolvimento pessoal e espiritual. Trabalhar com a Lua é, portanto, uma prática de autoconhecimento e de reverência, onde o praticante encontra no céu noturno um reflexo de sua própria alma, sempre em transformação e em busca do sagrado.

Capítulo 10
Ervas Sagradas

Na tradição wiccana, as ervas são consideradas aliadas poderosas, guardiãs de segredos antigos e pontes vivas entre o mundo físico e o espiritual. Cada planta, desde a mais simples até a mais rara, carrega energias e propriedades específicas que podem ser utilizadas para cura, proteção, sabedoria e fortalecimento espiritual. As ervas sagradas são cultivadas e colhidas com reverência, e seu uso reflete o respeito que o praticante tem pela natureza e pelos ciclos da Terra. Através delas, a magia wiccana conecta-se com as forças naturais, permitindo que o praticante manifeste intenções e canalize a energia das plantas em feitiços, rituais e práticas de cura.

Cada erva possui correspondências próprias que a ligam a determinados elementos, deuses, planetas e fases da Lua. Por exemplo, a **lavanda**, conhecida por seu aroma suave e calmante, é associada à paz e à purificação. Utilizada em feitiços de serenidade e cura, a lavanda é tradicionalmente associada ao elemento Ar e à Lua. Suas flores podem ser queimadas em um incenso, adicionadas a banhos de purificação ou usadas como um amuleto para promover o descanso e a paz interior. Além de acalmar, a lavanda facilita o contato com o inconsciente e é amplamente usada em práticas de meditação e visualização.

Outra erva essencial na prática wiccana é o **alecrim**, considerado uma planta de proteção e de limpeza. Conhecido por sua energia de Fogo, o alecrim é um purificador poderoso, usado para afastar energias negativas e fortalecer a coragem. Em rituais de proteção, o praticante pode queimar alecrim como incenso ou colocá-lo no altar para proteger o espaço sagrado. Além disso, ramos de alecrim são pendurados em portas ou janelas para proteger o lar, garantindo que apenas energias benéficas entrem no ambiente. O aroma do alecrim fortalece a mente e ajuda a clarear pensamentos, sendo uma excelente erva para estudos e práticas que exigem foco.

 O **sálvia** é outra erva sagrada, reverenciada pela sua capacidade de limpeza espiritual. Na Wicca, a sálvia é amplamente utilizada em rituais de purificação, onde suas folhas são queimadas para eliminar energias indesejadas e para abrir o caminho para novas intenções. Essa erva é frequentemente associada ao elemento Terra e ao Deus, e é vista como uma protetora poderosa. O praticante pode passar a fumaça de sálvia ao redor de si mesmo, de objetos e do espaço ritual para consagrá-los e purificá-los, criando um ambiente energeticamente limpo e harmonioso. A sálvia também é utilizada em feitiços de sabedoria e intuição, ajudando o praticante a acessar seu próprio poder e clareza espiritual.

 A **hortelã** é conhecida por sua frescura e vitalidade, sendo associada ao elemento Ar e à comunicação. Ela é utilizada em feitiços de prosperidade e sucesso, promovendo a abertura de caminhos e trazendo sorte. Em rituais de atração, a hortelã é frequentemente usada para atrair boas oportunidades e para fortalecer a autoconfiança. O aroma da hortelã refresca e energiza, proporcionando uma sensação de renovação e clareza. Essa erva pode ser adicionada a banhos de purificação, usada em amuletos para atrair prosperidade, ou simplesmente colocada no altar para fortalecer o fluxo de energia positiva.

 A **camomila** é outra erva amplamente utilizada, especialmente por suas propriedades calmantes e protetoras. Associada ao elemento Água, a camomila é ideal para feitiços de paz, amor e cura emocional. Suas flores são usadas em chás para acalmar a mente e o corpo, ou em incensos para criar um ambiente de serenidade. Em feitiços de proteção e paz, a camomila é usada para promover a harmonia no lar e afastar conflitos. Seu efeito suave e reconfortante ajuda o praticante a alcançar um estado de tranquilidade, facilitando a conexão com a própria intuição e com as forças espirituais.

As **ervas lunares**, como o jasmim e a dama-da-noite, possuem um papel especial nos rituais wiccanos realizados durante as fases da Lua. Associadas ao aspecto noturno e à Deusa, essas ervas têm propriedades de intuição e amor, e são frequentemente usadas em rituais de conexão espiritual. Suas flores exalam perfumes suaves que fortalecem os vínculos com o inconsciente, criando uma atmosfera propícia para sonhos proféticos e meditações profundas. O jasmim, em particular, é usado para atrair amor e intensificar a espiritualidade, enquanto a dama-da-noite é associada à proteção e à força intuitiva durante os Esbats e outras cerimônias lunares.

O cultivo das ervas é uma prática importante na Wicca, onde o cuidado e a dedicação com a terra são vistos como atos de respeito e de conexão com a natureza. Muitos praticantes cultivam suas próprias ervas, garantindo que cada planta cresça em um ambiente cheio de intenções positivas e de energias harmoniosas. Quando uma erva é plantada e cuidada pelo próprio praticante, ela se torna um canal ainda mais poderoso para seus rituais, pois carrega as energias e as intenções que foram dedicadas a ela ao longo de seu crescimento. Esse cultivo é um exercício de paciência, onde o praticante aprende sobre os ciclos naturais e se conecta com a essência da planta.

A colheita das ervas, na Wicca, é realizada de maneira cuidadosa e respeitosa, muitas vezes durante uma fase lunar específica que intensifique suas propriedades. Antes de colher uma erva, o praticante agradece à planta por seu sacrifício e pede permissão para utilizá-la. Esse ato de respeito garante que a planta continue a carregar suas energias benéficas, e que o praticante honre o ciclo da vida e da morte presentes em cada ser. Colher as ervas de maneira consciente e agradecida é uma forma de fortalecer o vínculo com a natureza e de demonstrar gratidão pelas dádivas que ela oferece.

Uma prática comum entre os wiccanos é a criação de **amarras de ervas**, pequenas combinações de ervas amarradas com um fio, que são penduradas em portas, janelas ou sobre o altar. Cada combinação de ervas possui uma função específica; por exemplo, uma amarra de alecrim e lavanda é usada para proteção e paz, enquanto uma amarra de hortelã e camomila pode atrair prosperidade e harmonia. Essas amarras são feitas com intuição e criatividade, e muitos praticantes utilizam o próprio fio que as amarra para adicionar um toque pessoal, como uma oração ou uma bênção.

Para utilizar as ervas nos rituais, o praticante pode queimá-las como incenso, colocá-las em um caldeirão, infundi-las em água para banhos ou utilizá-las como oferendas no altar. As ervas também podem ser transformadas em **óleos e unguentos**, onde suas propriedades são concentradas e ampliadas. Os óleos feitos com ervas como o alecrim, a lavanda e a camomila são utilizados para unções, consagrações e para fortalecer a energia do praticante. Esse processo de transformação e concentração da energia das ervas é uma prática alquímica que valoriza cada parte da planta e o potencial que ela carrega.

O uso de ervas na Wicca é uma prática antiga que reflete o respeito pelo poder e pela sabedoria das plantas. Cada erva possui uma personalidade única, uma energia que interage com o praticante e com o ambiente, trazendo cura, proteção e inspiração. Trabalhar com as ervas permite ao wiccano redescobrir os segredos da natureza, perceber as sutilezas da vida e compreender que cada planta é um ser sagrado, uma expressão do divino na Terra.

Para o praticante wiccano, as ervas sagradas são companheiras de jornada, guardiãs de antigos mistérios e canais de poder natural. A prática de utilizá-las vai além de sua eficácia mágica; é um ato de amor e de reverência, onde o wiccano se alinha com o ciclo natural e aprende a caminhar em harmonia com a Terra. Essa sabedoria, que passa de geração em geração, continua a florescer, como as próprias ervas, renovando-se e adaptando-se às necessidades do presente, mas sempre preservando a essência de uma tradição que celebra a vida e a magia que existe em cada folha, em cada flor e em cada semente.

Capítulo 11
Cristais Básicos

Os cristais são considerados presentes da Terra, repletos de energia e de uma beleza única que carrega mistérios profundos. Na prática wiccana, eles são vistos como guardiões de propriedades energéticas específicas, capazes de ampliar, purificar, curar e transformar as vibrações ao seu redor. Trabalhar com cristais é uma prática sagrada, onde cada pedra é escolhida e consagrada com intenções claras, para que seus poderes naturais possam ser integrados à prática espiritual e mágica do praticante. Cada cristal possui uma "memória" de formação e um campo energético que influencia o ambiente e o próprio praticante, sendo assim ferramentas essenciais para os rituais e para o equilíbrio pessoal.

Os cristais podem ser utilizados para diferentes propósitos, desde a cura física e emocional até o fortalecimento de rituais e feitiços. Antes de usar qualquer cristal em práticas wiccanas, ele deve ser **limpo** e **consagrado** para remover quaisquer energias residuais e para sintonizá-lo com as intenções do praticante. A limpeza de cristais pode ser feita de diversas maneiras, como mergulhá-los em água salgada, expô-los à luz do sol ou da lua, ou passar a fumaça de ervas sagradas, como sálvia ou cedro. Esse processo de limpeza é importante, pois cada cristal armazena as energias ao seu redor e, sem uma purificação, pode carregar vibrações indesejadas que interferem no trabalho mágico.

Após a limpeza, a **consagração** do cristal é realizada para alinhá-lo com a energia do praticante e com o propósito específico de uso. Esse ritual pode ser feito segurando o cristal entre as mãos, invocando o Deus e a Deusa, e visualizando uma luz que preenche a pedra, impregnando-a com poder e intenção. O praticante, então, declara o propósito do cristal, seja para proteção, cura ou fortalecimento de sua prática espiritual. Esse ato de consagração transforma o cristal em uma extensão da energia do praticante, tornando-o uma ferramenta poderosa que trabalha em harmonia com seus objetivos e intenções.

Quartzo Claro, conhecido como o "curador universal", é um dos cristais mais utilizados na Wicca. Sua energia é versátil e pode ser programada para praticamente qualquer propósito, seja cura, proteção, amplificação de intenções ou clareza espiritual. O quartzo claro é associado ao elemento Ar e é frequentemente utilizado para limpar o campo energético, sendo colocado no altar ou carregado como um amuleto pessoal. Suas propriedades ampliadoras tornam-no ideal para fortalecer a energia de outros cristais e para potencializar feitiços e meditações. Além disso, o quartzo claro é usado para meditação e comunicação espiritual, pois ajuda a sintonizar a mente e o espírito em frequências mais elevadas.

O **quartzo rosa** é outra pedra de grande importância, conhecida como o cristal do amor e da compaixão. Associado ao elemento Água e ao chakra do coração, o quartzo rosa é utilizado em feitiços e rituais de amor, autoestima, cura emocional e harmonia. Esse cristal é ideal para aliviar mágoas, promover perdão e fortalecer relações, tanto consigo mesmo quanto com os outros. Na prática wiccana, o quartzo rosa é frequentemente colocado no altar para atrair vibrações de paz e de harmonia, ou carregado consigo para infundir a vida diária com a energia do amor. Seu uso em meditações ajuda o praticante a conectar-se com sua própria essência e a trabalhar as emoções com equilíbrio e compaixão.

A **ametista** é conhecida como a pedra da espiritualidade e da proteção. Sua cor violeta é um reflexo de sua capacidade de elevar a consciência e de purificar as energias. A ametista é amplamente utilizada em feitiços de proteção e em rituais de sabedoria e intuição. Ela é associada ao elemento Água e ao terceiro olho, sendo ideal para práticas de meditação profunda, onde o praticante busca orientação e clareza espiritual. A ametista ajuda a afastar pensamentos negativos e a limpar energias densas, promovendo a paz e a serenidade. Quando colocada debaixo do travesseiro, ela também favorece sonhos tranquilos e a percepção de mensagens do inconsciente, sendo uma aliada valiosa em jornadas espirituais e em processos de cura emocional.

A **obsidiana**, uma pedra de proteção intensa, é um cristal de poder que trabalha diretamente com a Terra e com o autoconhecimento. Sua energia é de natureza intensa e é excelente para banir negatividade e para realizar um trabalho de sombra, onde o praticante explora partes ocultas de si mesmo. Na Wicca, a obsidiana é usada em feitiços de proteção e de limpeza, pois absorve e neutraliza energias densas. Esse cristal é ideal para quem está disposto a enfrentar seus próprios medos e para práticas de autotransformação. A obsidiana também pode ser colocada no altar ou na entrada da casa para proteção contra energias indesejadas.

A **sodalita** é conhecida por suas propriedades de equilíbrio emocional e de fortalecimento mental. Essa pedra, associada ao elemento Ar, promove a calma, a clareza e a expressão autêntica, sendo ideal para rituais de comunicação e de sabedoria. Em feitiços de autoconhecimento, a sodalita ajuda o praticante a confrontar suas verdades internas e a comunicar-se com clareza e confiança. Esse cristal é útil para meditações em que o praticante deseja obter discernimento e trabalhar a conexão entre mente e espírito, ajudando-o a manter a mente calma e centrada mesmo em situações desafiadoras.

A **turmalina negra** é uma das pedras mais protetoras e poderosas contra energias negativas. Na prática wiccana, é utilizada para criar barreiras de proteção energética, afastando influências indesejadas e criando um campo de segurança. A turmalina negra é associada ao elemento Terra e é especialmente eficaz para praticantes que desejam purificar seu campo energético ou proteger-se durante feitiços e rituais intensos. Ela também é colocada no altar ou nos cantos do espaço ritual, para selar o ambiente e garantir a estabilidade e o equilíbrio das energias.

A **cornalina** é uma pedra de vitalidade e de coragem, associada ao elemento Fogo. Ela é ideal para rituais que envolvem força de vontade, autoestima e determinação, ajudando o praticante a superar inseguranças e a enfrentar desafios. Em feitiços de empoderamento pessoal, a cornalina fortalece o senso de identidade e de propósito, ajudando a focar nas metas e a encontrar motivação. Muitos wiccanos carregam cornalina em momentos de transição, para enfrentar mudanças e para atrair a energia da coragem em suas vidas diárias.

Além desses cristais específicos, a prática wiccana ensina que cada pedra possui uma energia única que pode ser utilizada conforme a necessidade do praticante. Cada cristal é tratado com respeito e é consagrado de acordo com o propósito desejado. Em rituais mais complexos, os cristais são dispostos de maneira estratégica no altar, criando uma "mandala" de energias que amplifica a intenção do ritual. Essa mandala é cuidadosamente organizada, com cada cristal escolhido e posicionado para fortalecer o objetivo desejado, criando um campo de energia que ressoa com a intenção do praticante.

Manter os cristais limpos e recarregados é essencial para que suas propriedades permaneçam ativas. A recarga pode ser feita expondo os cristais à luz da Lua Cheia, que é considerada especialmente potente para reabastecer sua energia. Muitos praticantes também os colocam em contato com a terra ou em uma vasilha com água salgada, dependendo da natureza e da dureza do cristal, para que eles se conectem com o seu elemento de origem. Esse processo de recarga é uma maneira de honrar o poder dos cristais e de garantir que eles estejam sintonizados com as vibrações mais puras e elevadas.

Na Wicca, os cristais são mais do que simples pedras; eles são guardiões e parceiros de jornada, fontes de energia e de sabedoria que acompanham o praticante em seus momentos de introspecção, cura e celebração. Trabalhar com cristais é aprender a ouvir a Terra e a conectar-se com as energias que sustentam a vida, ampliando a capacidade de transformação e de harmonia com o universo. A presença dos cristais no altar e no dia a dia do praticante é uma lembrança constante de que a magia está em cada fragmento do mundo natural, aguardando para ser descoberta e reverenciada com gratidão e respeito.

Capítulo 12
Elementos Mágicos

No coração da prática wiccana, os elementos são as forças primordiais que conectam o praticante à essência do universo e ao próprio poder interior. Esses elementos — Terra, Ar, Fogo e Água — vão além de suas manifestações físicas; eles representam energias e qualidades arquetípicas que permeiam o cosmo e que podem ser invocadas e direcionadas no trabalho mágico. Os elementos mágicos constituem uma base sólida para os feitiços, os rituais e as meditações, sendo tratados com reverência e respeito como manifestações sagradas da própria criação. Entender a fundo as energias e os atributos de cada elemento é essencial para quem deseja praticar a magia de forma consciente e eficaz.

Cada elemento possui características próprias e corresponde a uma direção, um símbolo e uma série de qualidades que orientam o trabalho mágico. A Terra, por exemplo, está associada ao Norte, ao pentáculo e a tudo o que é físico e concreto. Ela representa estabilidade, segurança e crescimento, sendo invocada em rituais de prosperidade, proteção e saúde. O elemento Ar, associado ao Leste e ao incenso, simboliza o pensamento, a comunicação e a sabedoria. O Fogo, no Sul, representa transformação, paixão e coragem, enquanto a Água, no Oeste, traz intuição, emoção e cura. Esses atributos direcionam a escolha e o uso dos elementos, permitindo que o praticante os invoque de acordo com o propósito e a necessidade do ritual.

Invocar os elementos no contexto de um ritual começa com a criação do círculo mágico, onde cada elemento é chamado para proteger e consagrar o espaço. Durante a invocação, o praticante saúda cada um dos elementos em sua direção específica, trazendo consigo suas forças e suas qualidades. Para invocar a Terra, o praticante pode segurar um cristal ou tocar o solo, pedindo estabilidade e proteção. Para o Ar, ele acende um incenso, permitindo que a fumaça simbolize a comunicação e a leveza. No caso do Fogo, uma vela é acesa para representar a chama da transformação, enquanto uma taça de água é erguida para a invocação da Água, trazendo cura e intuição ao ritual. Esse processo sintoniza o praticante com as energias elementais, criando um espaço onde a magia pode fluir com força e clareza.

As invocações dos elementos são acompanhadas por gestos e palavras específicas que reforçam a presença e o propósito de cada força. Muitas tradições wiccanas possuem orações ou cânticos dedicados a cada elemento, onde o praticante honra a Terra, o Ar, o Fogo e a Água, pedindo que cada um deles participe e guie o ritual. Esses gestos e palavras criam um vínculo sagrado, onde o praticante, em uma postura de humildade e respeito, estabelece uma relação de colaboração com os elementos. A energia gerada pela invocação fortalece o ritual, intensificando o propósito e ajudando o praticante a concentrar suas intenções.

O trabalho com os elementos mágicos vai além dos rituais formais e pode ser incorporado no dia a dia do praticante. Muitos wiccanos integram os elementos em pequenos gestos cotidianos, como acender uma vela para se conectar com o Fogo, meditar ao ar livre para absorver a energia do Ar ou fazer uma caminhada em contato com a Terra. A interação com os elementos de forma cotidiana é uma prática de harmonia com a natureza, onde o praticante reconhece e honra a presença sagrada dessas forças em cada aspecto da vida.

Um aspecto importante no trabalho com os elementos é o entendimento das **correspondências mágicas**, que permitem que o praticante escolha símbolos, objetos e gestos de acordo com o elemento que deseja invocar. Essas correspondências vão desde as cores até os dias da semana, os aromas e os materiais naturais.

O elemento Terra, por exemplo, possui correspondências com cores como o verde e o marrom, enquanto o Ar é associado ao amarelo e ao azul-claro. O Fogo, por sua vez, está ligado ao vermelho e ao laranja, e a Água ao azul e ao prateado. Essas correspondências ajudam a intensificar a energia dos elementos durante os rituais, tornando o ambiente mais propício para o trabalho mágico.

A **simbologia dos elementos** também é fundamental, pois reflete o arquétipo e a essência de cada força. O pentáculo, um símbolo associado à Terra, representa a matéria, a estabilidade e a segurança. Já o incenso, símbolo do Ar, sugere liberdade, inspiração e comunicação. A vela, com sua chama brilhante, representa o Fogo, trazendo luz e calor, enquanto a taça ou o cálice, símbolo da Água, evoca a fluidez e a conexão com o emocional. Cada símbolo cria uma atmosfera que canaliza a presença do elemento, ajudando o praticante a se conectar com suas qualidades e a incorporar essas energias em suas intenções.

Além das correspondências, o praticante pode recorrer aos elementos como **guardiões e protetores** em seus rituais. Muitos wiccanos trabalham com os elementos como "guardas" das direções cardeais, visualizando-os como seres ou forças que protegem o círculo e garantem a segurança do espaço mágico. A Terra, ao Norte, é visualizada como uma presença forte e estável, um guardião que traz proteção e firmeza. O Ar, no Leste, surge como um vento suave que purifica e inspira. O Fogo, no Sul, é uma chama vibrante que fornece coragem e transforma qualquer energia indesejada. E a Água, no Oeste, se manifesta como uma corrente pacífica que acalma e cura.

O **trabalho prático com os elementos** pode incluir a criação de feitiços e de encantamentos que utilizem as energias específicas de cada elemento. Um feitiço de prosperidade, por exemplo, pode focar na energia da Terra, utilizando cristais como a pirita e ervas como o manjericão para atrair abundância e segurança. Para feitiços de comunicação, o Ar pode ser invocado, utilizando incensos de lavanda ou eucalipto e realizando o feitiço durante o amanhecer, horário associado a esse elemento. A escolha de ingredientes, de horários e de cores torna cada feitiço mais alinhado com o propósito e intensifica o poder do elemento invocado.

Nos **rituais de purificação**, o praticante pode usar os quatro elementos para limpar e consagrar objetos ou espaços. A Terra, representada por sal, é usada para absorver energias densas. O Ar, representado pelo incenso, purifica o ambiente. A chama do Fogo queima impurezas e energias negativas, e a Água, seja natural ou preparada com ervas sagradas, restaura a harmonia. Esses rituais de purificação são realizados antes de traçar o círculo ou de consagrar novos instrumentos, garantindo que o espaço e as ferramentas estejam limpos e prontos para o trabalho mágico.

Em momentos de desafio ou de busca por respostas, o praticante pode recorrer a **meditações guiadas com os elementos**. Essas meditações são visualizações profundas onde o praticante imagina-se cercado pelo elemento escolhido, absorvendo suas qualidades e ouvindo seus ensinamentos. Na meditação com a Terra, ele pode visualizar raízes crescendo de seus pés, conectando-o ao núcleo da Terra e proporcionando estabilidade e força. Na meditação com o Ar, ele pode imaginar o vento soprando suavemente, trazendo clareza e inspiração. Essas meditações ajudam o praticante a integrar as energias dos elementos e a encontrar equilíbrio, sabedoria e insight.

Os elementos também atuam como **guias de autoconhecimento**, ajudando o praticante a reconhecer aspectos de sua própria personalidade e de seu caminho espiritual. A Terra pode revelar áreas da vida onde é preciso desenvolver paciência e enraizamento; o Ar aponta para a necessidade de clareza e de abertura mental; o Fogo desperta a coragem e a paixão, enquanto a Água ensina sobre a importância da intuição e do acolhimento emocional. Ao explorar essas qualidades, o praticante reflete sobre sua jornada e reconhece os pontos onde é necessário equilíbrio e desenvolvimento.

Na Wicca, o domínio dos elementos é considerado uma arte que requer respeito e dedicação. O praticante entende que os elementos não são apenas forças a serem manipuladas, mas energias vivas que exigem um relacionamento de cooperação e reverência. Cada vez que o praticante invoca um elemento, ele se abre para a sabedoria e para o poder da natureza, aprendendo a agir em harmonia com o universo. Essa relação de parceria com os elementos transforma a prática mágica em uma experiência profunda de respeito e de conexão com o divino.

    Assim, os elementos mágicos na Wicca não são apenas instrumentos para o poder pessoal, mas guias para uma vida harmoniosa e alinhada com as forças da Terra e do cosmos. Trabalhar com os elementos é uma jornada de aprendizado e de transformação, onde o praticante encontra em cada ritual, feitiço e meditação um reflexo do próprio universo, unindo-se aos ciclos naturais e à essência do mistério que permeia toda a existência.

Capítulo 13
Rituais Diários

Os rituais diários são práticas que mantêm viva a conexão espiritual do praticante wiccano com o sagrado, permitindo que ele cultive uma relação íntima e contínua com as forças da natureza e do divino. Estes pequenos rituais são como fios invisíveis que ligam o praticante ao universo, oferecendo momentos de paz, introspecção e harmonia. Ao adotar rituais diários, o wiccano integra a magia em seu cotidiano, encontrando significado nas ações mais simples e transformando cada dia em uma oportunidade de crescimento espiritual.

A prática de rituais diários começa com a **intenção consciente**. Logo ao despertar, o praticante pode dedicar alguns minutos para expressar gratidão pela vida e pelo novo dia que se inicia. Este breve momento é um ritual em si, onde ele toma consciência de sua presença no mundo e da importância de suas ações. A gratidão cria um estado de receptividade e de equilíbrio, preparando-o para o que o dia trará. Ao expressar gratidão, o praticante sintoniza-se com as energias positivas, atraindo paz e clareza para o restante do dia.

Uma prática comum no começo do dia é a **meditação matinal**. Esta meditação pode ser simples, baseada apenas na respiração profunda, ou mais elaborada, envolvendo visualizações de luz e proteção. O praticante pode imaginar uma luz dourada envolvendo seu corpo, formando um escudo de proteção contra energias indesejadas. Ao visualizar essa luz, ele fortalece seu campo energético e aumenta sua consciência sobre o próprio poder de autodefesa espiritual. Esta prática é especialmente importante para aqueles que desejam iniciar o dia com uma mentalidade positiva e uma aura limpa, permitindo que suas interações e ações reflitam paz e harmonia.

Outra prática que o praticante pode incorporar é a **saudação aos elementos**, um breve ritual em que ele honra a Terra, o Ar, o Fogo e a Água. Com uma mão no coração, ele pode saudar cada direção e elemento, reconhecendo suas qualidades e expressando gratidão. A Terra é honrada pelo sustento e segurança; o Ar, pela inspiração e clareza; o Fogo, pela coragem e transformação; e a Água, pela fluidez e intuição. Essa saudação fortalece a relação com os elementos e lembra ao praticante que ele faz parte de uma teia de energias interconectadas. Essa prática não exige ferramentas elaboradas — apenas uma mente aberta e um coração sincero.

No decorrer do dia, o wiccano pode realizar pequenos **rituais de bênção e proteção** para ele e para o ambiente ao seu redor. Um exemplo é o uso de ervas ou cristais como amuletos de proteção, carregando-os consigo para repelir energias negativas. Ele pode tocar o cristal ou a erva sempre que sentir necessidade de reforçar sua energia, criando uma conexão com o objeto e permitindo que ele atue como uma âncora de poder. Além disso, o praticante pode borrifar uma mistura de água com sal ou de ervas consagradas em sua casa ou espaço de trabalho, com o objetivo de purificar e harmonizar o ambiente.

O **uso de incensos e velas** também é uma prática diária simples que ajuda o praticante a elevar sua vibração e a purificar o espaço. Acender um incenso ao final do dia, por exemplo, serve para liberar qualquer energia densa acumulada e criar uma atmosfera de serenidade. O incenso de lavanda ou sândalo é particularmente eficaz para acalmar a mente e promover a paz. Da mesma forma, acender uma vela pode ser um ato de meditação e de fortalecimento da energia pessoal. Ao observar a chama, o praticante se concentra na sua intenção de paz, cura ou proteção, estabelecendo um elo direto com o divino.

As **orações e invocações** são outro elemento fundamental dos rituais diários. Muitos praticantes reservam alguns momentos, seja pela manhã ou à noite, para recitar orações de proteção, agradecimento ou pedido de orientação. Essas orações não precisam seguir fórmulas rígidas; elas podem ser palavras espontâneas, ditas com o coração aberto. O importante é que o praticante se sinta conectado e sincero em sua comunicação com o divino, seja o Deus, a Deusa ou uma força universal. Essa prática fortalece o vínculo espiritual e permite que o wiccano receba insights e intuições ao longo do dia.

Outra prática enriquecedora é a **visualização de objetivos**. Durante alguns minutos do dia, o praticante pode fechar os olhos e visualizar seus desejos ou metas como se já estivessem realizados. Ele imagina cada detalhe e sente a alegria de alcançar seus objetivos, como se estivesse vivendo aquela realidade. Essa prática aumenta a clareza e o foco, e ajuda a direcionar sua energia para manifestar o que deseja. A visualização é uma forma de magia mental, onde o praticante mobiliza suas emoções e intenções, preparando o caminho para que as circunstâncias favoráveis se alinhem.

Ao final do dia, muitos wiccanos realizam um **ritual de purificação e relaxamento**, como um banho com ervas ou sais. Esse ritual é uma forma de limpar-se de qualquer energia acumulada, física ou emocionalmente, e de restaurar o equilíbrio. Ervas como lavanda, camomila e alecrim são excelentes para banhos de purificação, pois trazem tranquilidade e fortalecem o espírito. O praticante pode preparar o banho com cuidado, escolhendo cada erva e colocando a intenção de limpeza e renovação, criando um ambiente que promova a paz e o descanso.

A **observação da Lua e das estrelas** ao anoitecer é um momento simples, mas profundamente espiritual, que muitos wiccanos incorporam em suas rotinas. Ao olhar para o céu noturno, o praticante sente-se parte do universo e relembra a imensidão da vida e do mistério divino. Ele pode tomar esse momento para fazer um breve agradecimento ou uma prece, conectando-se à Lua e suas energias, e trazendo à tona o aspecto cíclico e eterno da existência. Observar a Lua ajuda o praticante a alinhar-se com os ciclos naturais e a perceber que cada fase traz consigo uma nova oportunidade de crescimento e transformação.

Além disso, o wiccano pode manter um **diário ou grimório** onde registra suas experiências diárias, suas intenções e aprendizados. Esse registro é um reflexo de sua jornada espiritual, uma forma de acompanhar seu progresso e de refletir sobre seus desafios e vitórias. Manter um diário permite que ele observe seus padrões e sua evolução, entendendo como cada pequena prática contribui para seu desenvolvimento. Esse diário é também um espaço de autoconhecimento, onde o praticante documenta suas meditações, intuições e insights, construindo um mapa de seu caminho espiritual.

Os rituais diários na Wicca vão além da prática formal; eles transformam a vida cotidiana em uma experiência espiritual contínua. Cada ação simples, seja uma oração, um banho de ervas ou a observação da Lua, é um gesto de devoção e de respeito pelo sagrado. Estes rituais não exigem longos preparativos ou complexidade; eles são uma lembrança constante de que a magia está presente em cada detalhe e que a vida, em si, é um ato de criação e de conexão.

Através dessas práticas diárias, o wiccano aprende a ver o divino em cada momento e a honrar a energia que flui por toda parte. Os rituais diários ajudam o praticante a manter sua energia equilibrada, a cultivar a paz interior e a fortalecer seu vínculo com o universo. Em cada gesto, ele encontra um espaço de conexão e de harmonia, lembrando-se de que a verdadeira magia reside no coração e na mente aberta de quem vive em sintonia com o mundo natural e com o divino.

Capítulo 14
Bênçãos Simples

Na prática wiccana, as bênçãos são rituais de intenção e de amor que infundem energia positiva em pessoas, objetos e ambientes. Realizar uma bênção é um ato de conexão e de respeito pelo divino e pela energia sagrada que permeia todas as coisas. As bênçãos simples, em particular, são práticas acessíveis que podem ser realizadas no cotidiano para promover paz, proteção e harmonia. Elas não exigem rituais elaborados ou ferramentas complexas, mas se baseiam no poder da intenção e na pureza do desejo do praticante de trazer luz e equilíbrio àquilo que abençoa.

Uma das bênçãos mais comuns na Wicca é a **bênção da proteção pessoal**, feita para criar um escudo de segurança em torno do praticante ou de quem ele deseja proteger. Essa bênção pode ser realizada de manhã, antes de iniciar o dia, ou sempre que o praticante sentir necessidade de reforçar sua proteção. Ele pode começar visualizando uma luz branca ou dourada ao seu redor, como uma aura que brilha intensamente, envolvendo-o e repelindo qualquer influência negativa. Enquanto visualiza essa luz, o praticante recita palavras de proteção, afirmando que a energia divina o protege e guia. Esse ato, ainda que breve, cria uma barreira de proteção espiritual que acompanha o praticante ao longo do dia.

Para ambientes, a **bênção do lar** é uma prática essencial na Wicca, uma forma de garantir que a energia do espaço seja positiva, equilibrada e acolhedora. O praticante pode preparar um incenso ou uma mistura de ervas, como alecrim e sálvia, para defumar cada cômodo da casa. À medida que percorre o espaço, ele visualiza uma luz limpa e radiante preenchendo cada canto e banindo quaisquer energias estagnadas ou indesejadas. É comum que ele recite uma breve oração ou afirmação, agradecendo pela proteção e harmonia do lar e pedindo paz para todos os que ali habitam. Esse ritual simples renova a energia do espaço e cria um ambiente propício para o bem-estar e a tranquilidade.

Outra bênção significativa é a **bênção da água**, que pode ser realizada em uma pequena quantidade de água pura ou em uma fonte natural. A água é um dos elementos mais sagrados na Wicca, associada à cura e à purificação. Para abençoar a água, o praticante segura o recipiente em suas mãos e concentra-se na intenção de cura e de paz. Ele pode murmurar palavras de bênção, pedindo que a água seja consagrada e preenchida com energias benéficas. Essa água abençoada pode ser usada para purificar objetos, espaços ou até mesmo para borrifar levemente sobre si próprio, criando um escudo de proteção. A bênção da água também pode ser realizada antes de um banho, transformando-o em um momento de limpeza espiritual e renovação.

A **bênção dos alimentos** é uma prática que conecta o praticante com a gratidão e com o ciclo da vida. Antes de uma refeição, ele pode colocar as mãos sobre o alimento e, em um breve momento de silêncio, agradecer pela energia que ele proporcionará. Na Wicca, essa bênção não é apenas uma forma de honrar o alimento em si, mas também de reconhecer todos os elementos que contribuíram para seu crescimento — a Terra, o Sol, a Água e o Ar. Essa prática simples transforma o ato de comer em um ritual sagrado, onde o praticante se conscientiza de que sua própria energia é nutrida pelo sagrado natural.

Outro exemplo de bênção diária é a **bênção dos cristais e amuletos**, onde o praticante infunde objetos de proteção com suas intenções. Para isso, ele segura o cristal ou amuleto entre as mãos, fecha os olhos e mentaliza a função que deseja que aquele objeto tenha, seja para proteção, paz, prosperidade ou amor. Ao concentrar-se nessa intenção, ele pode sussurrar palavras que reforce seu propósito, pedindo ao Deus e à Deusa que energizem o objeto com sua luz e proteção. Esse ritual de bênção transforma o cristal ou amuleto em um aliado espiritual, uma ferramenta que o praticante pode carregar consigo para apoio e força.

A **bênção de amor e paz** é uma prática que o praticante pode realizar para enviar energia positiva a outras pessoas, especialmente àquelas que estejam passando por momentos difíceis. Ele pode visualizar a pessoa envolta em uma luz suave, como uma presença acolhedora que traz conforto e cura. Mentalmente, o praticante envia seus desejos sinceros de amor, força e paz para a pessoa, sabendo que essa intenção viajará até ela de maneira sutil. Mesmo à distância, essa bênção cria uma conexão energética e fortalece a corrente de amor e apoio entre as pessoas. Essa prática é realizada com frequência em círculos wiccanos, onde os participantes enviam bênçãos para fortalecer a comunidade e os entes queridos.

Para situações em que o praticante precisa de proteção extra, a **bênção de banimento** é uma prática que afasta energias e influências indesejadas. Em um ambiente tranquilo, ele pode acender uma vela preta ou uma vela branca e concentrar-se na intenção de limpar o ambiente ou de afastar qualquer energia negativa. Visualizando uma luz purificadora ao redor de si, ele recita uma oração ou um encantamento de banimento, como um pedido de libertação. Esse ritual é simples, mas poderoso, e pode ser usado sempre que o praticante sentir que sua energia está sendo perturbada.

Uma bênção muito especial na Wicca é a **bênção das crianças e dos entes queridos**, onde o praticante oferece proteção e orientação espiritual aos que ama. Segurando a mão ou tocando levemente a testa da pessoa, ele recita palavras de proteção, pedindo ao divino que guie e proteja essa pessoa em seu caminho. Em muitos casos, essa bênção é realizada em crianças, como uma forma de garantir que estejam sempre envoltas em amor e segurança. Esta prática fortalece os laços familiares e cria um campo de proteção ao redor daqueles que são queridos.

A **bênção do anoitecer** é uma prática tranquila e introspectiva, realizada antes de dormir. O praticante pode acender uma vela e, por alguns momentos, refletir sobre seu dia, agradecendo pelas lições e pelas experiências vividas. Ele pode então pedir proteção para o período de descanso, pedindo que os deuses ou os guardiões o protejam enquanto dorme e guiem seus sonhos. Essa bênção finaliza o dia com gratidão e paz, permitindo que o praticante encontre descanso e se prepare para um novo ciclo de aprendizado e crescimento.

Na prática wiccana, as bênçãos simples são mais do que gestos; são atos de conexão e de respeito que transformam o cotidiano em uma experiência sagrada. Cada bênção é uma maneira de interagir com o divino, reconhecendo a presença do sagrado em cada aspecto da vida. Realizar essas bênçãos é uma forma de honrar o mundo ao redor e de reconhecer que a magia está em cada momento e em cada ato de amor e cuidado.

Ao adotar essas práticas, o praticante wiccano aprende a ver a magia e a energia em cada detalhe, transformando sua vida em um contínuo de intenções positivas e de gratidão. As bênçãos simples não exigem nada além do coração aberto e do desejo sincero de trazer paz, proteção e luz. Esses pequenos rituais tornam o caminho da Wicca uma jornada de reverência e amor, onde cada momento é um convite para fortalecer a conexão com o universo e viver em harmonia com o sagrado que reside em todas as coisas.

Capítulo 15
Oferendas Sagradas

As oferendas sagradas são uma prática de reciprocidade e gratidão na Wicca, onde o praticante entrega ao divino uma parte de sua própria energia em forma de presentes simbólicos. Oferecer algo à Deusa, ao Deus, aos espíritos da natureza ou aos ancestrais é uma maneira de fortalecer os laços com o sagrado e de demonstrar respeito e gratidão pelas bênçãos e pela proteção recebidas. Diferente de um simples gesto de dar, uma oferenda é uma troca energética que reflete o desejo do praticante de honrar as forças que sustentam a vida, de modo que ele se alinha com os ciclos naturais e participa de um fluxo contínuo de energia e de harmonia.

As oferendas podem ser simples ou mais elaboradas, dependendo da ocasião e da intenção. Um dos tipos mais comuns de oferenda é o **alimento**, especialmente frutas, grãos, mel e pão, que simbolizam o sustento e a generosidade da Terra. Esses alimentos são escolhidos com cuidado, e o praticante coloca-os em seu altar ou em um espaço natural como um tributo às divindades e à natureza. Em muitos casos, o praticante pode optar por deixar a oferenda ao pé de uma árvore, em um campo ou próximo de um rio, respeitando o ambiente e agradecendo pelo ciclo de vida que os alimentos representam.

Outro tipo de oferenda amplamente utilizado na Wicca são as **ervas e flores**, colhidas ou adquiridas com respeito e consagradas antes de serem oferecidas. Ervas como alecrim, lavanda e sálvia são colocadas no altar ou queimadas como uma forma de enviar suas energias ao divino. As flores também são muito usadas, representando beleza, pureza e os ciclos de nascimento, morte e renascimento que caracterizam a natureza. As cores e os tipos de ervas e flores escolhidos variam conforme a intenção; para oferendas de paz e cura, o praticante pode usar flores brancas, enquanto para celebrações e agradecimentos, flores vibrantes e coloridas são mais apropriadas.

Os **cristais** são outro exemplo de oferenda, sendo frequentemente usados como presentes duradouros para o altar ou para um local sagrado. Cristais como ametista, quartzo e selenita são escolhidos por suas propriedades energéticas e espirituais e oferecidos como símbolos de harmonia e de pureza. O praticante pode dedicar o cristal a uma deidade específica, deixando-o no altar como uma homenagem contínua. Esses cristais podem absorver e reter as energias do espaço e, com o tempo, tornam-se poderosos amuletos que carregam a vibração da intenção e da gratidão do praticante.

O **vinho e outras bebidas naturais** também são comuns em oferendas wiccanas, especialmente em rituais de celebração e gratidão. O vinho é associado ao sangue da Terra e representa a energia vital, sendo derramado sobre o solo ou em uma taça no altar em homenagem ao divino. A água pura também pode ser oferecida, muitas vezes consagrada previamente, para representar a fluidez e a vida. Quando derramada ao solo, a bebida serve como uma forma de nutrir o ambiente, devolvendo uma parte da energia recebida à natureza.

Incensos e resinas aromáticas também são amplamente usados como oferendas, principalmente em rituais de consagração e purificação. O incenso é visto como uma oferenda que se eleva aos céus, levando com ele as intenções e preces do praticante. Ervas como mirra, olíbano e sândalo são queimadas para agradecer e homenagear as divindades e os espíritos, enchendo o ambiente com um aroma que eleva a vibração e intensifica a conexão espiritual. Cada tipo de incenso carrega uma qualidade diferente: a mirra, por exemplo, é associada à proteção e à introspecção, enquanto o sândalo traz paz e elevação espiritual.

As oferendas podem também incluir **objetos simbólicos** criados pelo próprio praticante, como pequenos amuletos, desenhos, cartas ou itens artesanais. Esses objetos representam o esforço pessoal e a energia do próprio trabalho do praticante, tornando-os ofertas especiais e carregadas de intenção. Criar uma oferenda artesanal exige tempo e dedicação, e o praticante infunde sua própria energia no objeto durante o processo de criação. Esse tipo de oferenda é particularmente significativo em rituais de agradecimento e de compromisso, onde o praticante reafirma sua devoção e seu desejo de caminhar em harmonia com o divino.

As **moedas** são outro tipo de oferenda simples, mas poderosa, que simboliza a prosperidade e o desejo de partilhar com o divino uma parcela da abundância recebida. Na Wicca, o ato de oferecer moedas representa a generosidade e a compreensão de que a prosperidade é parte de um ciclo que deve ser mantido em equilíbrio. O praticante pode dedicar as moedas à Terra, enterrando-as em um local sagrado, ou deixá-las em seu altar como um símbolo de gratidão e de intenção de prosperidade para o futuro.

Além dos objetos físicos, a **própria energia do praticante** pode ser oferecida ao divino como uma forma de devoção e de conexão. Em muitos casos, o praticante pode dedicar uma dança, uma canção ou uma meditação como uma oferenda, canalizando suas energias criativas e emocionais para honrar o sagrado. Essas oferendas imateriais são poderosas, pois representam a essência do praticante e o comprometimento de oferecer algo que é profundamente pessoal. Uma dança sob a luz da Lua, por exemplo, é uma forma de celebração e de agradecimento, onde o praticante expressa seu amor e sua gratidão à Deusa e ao Deus.

Durante a Roda do Ano, as oferendas ganham um significado especial, pois cada celebração e cada estação possui um propósito próprio. Em Samhain, por exemplo, é comum que o praticante ofereça alimentos e velas para honrar os ancestrais e os entes queridos que já partiram, enquanto em Beltane as oferendas de flores e ervas celebram a fertilidade e a união da Terra e do céu. Em cada Sabbat, as oferendas refletem o espírito da estação, criando uma conexão viva entre o praticante e os ciclos naturais.

As oferendas são realizadas com **intenção clara e respeito**, e o praticante sempre se certifica de que a natureza receba de volta o que foi dado de forma cuidadosa. Ao oferecer alimentos ou flores em um ambiente natural, o praticante evita materiais que possam poluir ou causar danos ao meio ambiente, como plásticos ou objetos artificiais. A Wicca ensina que todas as coisas devem ser devolvidas à Terra com cuidado e gratidão, respeitando o equilíbrio e a harmonia do mundo natural.

Um aspecto importante das oferendas é a **conexão emocional e espiritual** que elas promovem. Ao fazer uma oferenda, o praticante se permite um momento de pausa e de reflexão, onde ele sente e expressa sua gratidão, seu amor e sua reverência. Esse ato de doar, sem esperar nada em troca, fortalece a humildade e a compreensão do praticante sobre seu lugar no universo. Cada oferenda é uma lembrança de que tudo o que recebemos da Terra e do cosmos é um presente, e que ao devolver uma parte de nossa energia, nutrimos o ciclo e participamos da teia da vida.

Na prática wiccana, as oferendas sagradas são tanto um gesto de gratidão quanto uma forma de nutrir o vínculo com o divino. Elas simbolizam o entendimento de que a vida é um fluxo contínuo de dar e receber, onde o praticante contribui com sua própria energia para manter o equilíbrio e a harmonia no universo. Em cada oferenda, ele encontra um momento de silêncio e de introspecção, um espaço onde pode sentir a conexão com as forças que o guiam e o sustentam.

Assim, as oferendas sagradas na Wicca vão além de simples gestos; elas são expressões profundas de amor e de respeito, uma forma de honrar as divindades, a Terra e o mistério que permeia a vida. Ao oferecer algo ao sagrado, o praticante wiccano reafirma seu compromisso com o caminho espiritual e sua gratidão por fazer parte da grande dança cósmica.

Capítulo 16
Rituais Lunares

Os rituais lunares na Wicca são momentos de profunda conexão e celebração das energias transformadoras da Lua. Como símbolo da Deusa e da natureza cíclica da vida, a Lua representa as fases de crescimento, plenitude, declínio e renascimento, aspectos fundamentais para o equilíbrio espiritual e para o desenvolvimento mágico do praticante. Cada fase lunar oferece uma oportunidade única para o trabalho mágico, com energias específicas que potencializam intenções e fortalecem a sintonia com o sagrado. Ao realizar rituais lunares, o praticante honra a Deusa, reconhece as influências da Lua sobre seu ser e alinha-se com o ritmo natural do cosmos.

A Lua Nova é o ponto de partida dos ciclos lunares, um momento de escuridão e de potencial latente, onde tudo é possível, mas ainda não foi manifestado. Durante a Lua Nova, o praticante se volta para o interior, refletindo sobre o que deseja alcançar e plantando as sementes de novos começos. Este é o momento ideal para rituais de introspecção, onde ele pode meditar sobre suas intenções, escrever em seu grimório os objetivos para o novo ciclo e realizar práticas de purificação e renovação. O praticante pode acender uma vela preta ou branca, representando o mistério e o potencial oculto, e dedicar alguns momentos à visualização de suas intenções como sementes que serão nutridas ao longo do ciclo lunar.

O ritual de Lua Nova pode incluir a escrita de uma carta de intenções, onde o praticante detalha o que deseja manifestar. Esta carta é um compromisso com o que deseja cultivar, e pode ser colocada em seu altar ou dentro de um recipiente especial, que será aberto ao final do ciclo lunar para verificar os progressos. Muitos praticantes também aproveitam esse momento para realizar banhos de purificação, utilizando ervas como alecrim ou lavanda, e consagrar cristais que os acompanharão durante o ciclo. A Lua Nova é um momento de renovação e de conexão com o subconsciente, onde o praticante define a direção de sua jornada com clareza e intenção.

À medida que a Lua entra em sua fase Crescente, sua energia começa a se intensificar e a iluminar o céu de forma gradual. Esta fase é o momento de nutrir as intenções plantadas na Lua Nova, de concentrar-se em suas metas e de promover o crescimento pessoal. O praticante realiza rituais que envolvem a força de vontade, a motivação e o progresso, como feitiços de prosperidade, de amor e de atração. A Lua Crescente é ideal para trabalhar em projetos e para cultivar hábitos que ajudarão no crescimento espiritual e na realização dos objetivos traçados.

No ritual de Lua Crescente, o praticante pode usar velas verdes ou douradas para simbolizar crescimento e abundância, e realizar encantamentos que reforcem sua confiança e determinação. Uma prática comum é a criação de um amuleto de intenção, onde ele insere objetos ou símbolos que representam suas metas e desejos. Esse amuleto pode ser carregado ou mantido em um espaço sagrado, sendo energizado a cada Lua Crescente como uma forma de intensificar suas intenções. A visualização é uma ferramenta poderosa durante esta fase, onde o praticante imagina suas metas ganhando forma e se aproximando de sua realização.

Quando a Lua atinge sua plenitude na Lua Cheia, sua energia está em seu ponto máximo, irradiando poder e intensidade. Este é um momento de celebração, onde o praticante se conecta profundamente com a Deusa em seu aspecto pleno e acolhedor. A Lua Cheia é ideal para rituais de gratidão, de cura e de amplificação das intenções, onde o praticante reafirma seu compromisso com seus desejos e agradece pelas conquistas. Durante a Lua Cheia, os rituais são realizados em espaços abertos ou próximos da natureza, sempre que possível, para absorver a energia da luz lunar diretamente.

No ritual de Lua Cheia, o praticante pode acender velas brancas ou prateadas e utilizar cristais como quartzo claro e selenita, que amplificam e purificam a energia. Ele pode consagrar amuletos, recarregar seus cristais e até mesmo realizar práticas de adivinhação, aproveitando a sensibilidade que a Lua Cheia proporciona. A conexão com a Deusa é fortalecida, e o praticante pode dedicar-se a orações e meditações que celebrem a plenitude e a união com o divino. A Lua Cheia é um momento de expansão e de elevação espiritual, onde o praticante sente-se parte do universo e em sintonia com as forças que o cercam.

Após o auge da Lua Cheia, a Lua começa a minguar, representando o declínio e a preparação para o descanso e a introspecção. A Lua Minguante é um período de liberação e de desapego, onde o praticante se desfaz de energias, emoções e padrões que já não lhe servem. Este é o momento ideal para rituais de banimento e de proteção, onde ele purifica seu campo energético e limpa seu espaço sagrado de quaisquer influências indesejadas. Na Lua Minguante, o praticante dedica-se a práticas de purificação e a rituais de renovação.

No ritual de Lua Minguante, o praticante pode queimar ervas de banimento, como alecrim ou sálvia, e visualizar-se liberando tudo o que já não deseja em sua vida. Ele pode também escrever em um papel o que deseja deixar para trás e queimá-lo, permitindo que a fumaça leve embora as energias negativas. Este ritual é uma maneira de preparar-se para o próximo ciclo, removendo bloqueios e criando espaço para novas intenções e transformações. A Lua Minguante ensina sobre a importância de reconhecer e de liberar o que não contribui mais para o caminho espiritual, promovendo um estado de paz e de clareza.

Além das fases principais, o ciclo lunar também possui momentos de transição, como a Lua Negra, que ocorre nos últimos dias da Lua Minguante e representa o fechamento de um ciclo completo. A Lua Negra é um período de introspecção e de mistério, onde o praticante se volta completamente para seu mundo interno. Esse é um momento ideal para rituais de reflexão e de contato com as próprias sombras, onde ele explora os aspectos ocultos de si mesmo e aceita as lições de suas experiências.

Nos rituais de Lua Negra, o praticante pode acender uma vela preta ou azul-escura e meditar em silêncio, buscando compreensão e sabedoria sobre os processos de transformação que ocorrem em sua vida. Ele pode realizar práticas de escrita ou de visualização para explorar suas emoções mais profundas e liberar o que precisa ser transformado. A Lua Negra é uma fase de quietude e de preparo para o renascimento que virá com a Lua Nova, uma oportunidade de integrar as experiências passadas e de abrir espaço para o novo ciclo.

Os **Esbats**, ou celebrações lunares, são realizadas durante as Luas Cheias e são momentos de comunhão entre os praticantes wiccanos e a Deusa. Nos Esbats, o círculo se reúne para celebrar a Lua e para realizar rituais de cura, de bênção e de fortalecimento espiritual. Estes encontros são marcados por cânticos, danças e orações que honram a Lua e o divino feminino. Os Esbats oferecem um espaço de celebração e de troca de energias, onde os participantes compartilham suas intenções e reforçam os laços de sua comunidade espiritual.

Os rituais lunares na Wicca são momentos de renovação e de poder, onde o praticante aprende a sintonizar-se com os ciclos naturais e a refletir essas mudanças em sua vida espiritual. Cada fase da Lua traz consigo uma lição e uma oportunidade de transformação, permitindo que ele viva em harmonia com a natureza e com sua própria essência. Ao seguir o ciclo lunar e realizar esses rituais, o praticante mergulha em uma jornada de autoconhecimento, de respeito pelo mistério e de reverência ao sagrado feminino.

Para o wiccano, a Lua é uma guia, uma presença constante que ensina sobre os ciclos de luz e sombra, de nascimento e renascimento. Os rituais lunares são práticas de dedicação e de celebração, onde o praticante encontra inspiração, poder e harmonia. A Lua, com seu brilho e suas fases, é uma lembrança eterna da dança da vida e do caminho espiritual, um reflexo de sua própria jornada no universo em constante transformação.

Capítulo 17
Energia Pessoal

A energia pessoal é o combustível essencial do trabalho mágico e espiritual na Wicca, sendo uma força vital que cada praticante aprende a identificar, cultivar e direcionar para realizar seus objetivos e fortalecer sua conexão com o divino. Trabalhar com a própria energia envolve autoconhecimento, disciplina e sensibilidade, pois é por meio dela que o praticante interage com o mundo, molda suas intenções e manifesta sua vontade. A energia pessoal é como um rio interno que pode ser direcionado para a cura, a proteção, a transformação e a criação, refletindo o poder que cada indivíduo possui de influenciar sua própria realidade.

O primeiro passo para desenvolver a energia pessoal é a **percepção e o reconhecimento** dessa força sutil dentro de si. A energia pessoal não é algo que se vê com os olhos, mas sim algo que se sente; é a vitalidade que pulsa dentro de cada pessoa, uma corrente de energia que flui por todo o corpo e que pode ser percebida com concentração e prática. Um dos métodos mais simples para sintonizar-se com essa energia é através da meditação, onde o praticante fecha os olhos, relaxa e se concentra em sua respiração, sentindo cada parte do corpo e visualizando uma luz brilhante que flui por ele. Este exercício de visualização ajuda a despertar a sensibilidade para a própria energia, permitindo que ele a reconheça e a perceba em diferentes situações.

Outro exercício importante para cultivar a energia pessoal é a prática de **enraizamento**. O enraizamento é uma técnica que conecta o praticante à Terra, proporcionando-lhe estabilidade e equilíbrio. Para realizar o enraizamento, ele visualiza raízes saindo de seus pés e penetrando profundamente no solo, absorvendo a energia da Terra. Esta prática ajuda a estabilizar a mente e a fortalecer o campo energético, tornando o praticante mais resistente a influências externas e permitindo que sua energia flua de maneira harmoniosa. O enraizamento é especialmente útil antes de rituais ou feitiços, pois fortalece o vínculo com o elemento Terra e aumenta a capacidade de canalizar e direcionar a energia.

O praticante também pode fortalecer sua energia pessoal através da **respiração consciente**, um processo que ajuda a revitalizar o corpo e a mente. A respiração é uma ponte entre o físico e o espiritual, e, quando realizada de maneira controlada e consciente, pode intensificar o fluxo de energia. Ao inspirar profundamente, ele visualiza a energia vital entrando em seu corpo como uma luz dourada e, ao expirar, libera qualquer tensão ou bloqueio energético. Esse exercício de respiração pode ser feito a qualquer momento, ajudando o praticante a recarregar sua energia, a equilibrar suas emoções e a se preparar para o trabalho mágico.

O controle e o direcionamento da energia pessoal são fundamentais na prática wiccana, pois é com ela que o praticante realiza feitiços, consagrações e bênçãos. A técnica de **direcionamento de energia** envolve o uso das mãos, da visualização e da intenção para guiar a energia de um ponto a outro. Durante o ritual, ele pode visualizar a energia fluindo de seu corpo para o objeto que deseja consagrar ou para o círculo mágico que traça ao seu redor. Este direcionamento é feito com cuidado e concentração, e o praticante aprende a sentir a energia como um calor ou uma vibração em suas mãos, canalizando-a com foco e propósito.

A prática de **carregar objetos com energia pessoal** é outra forma de direcionar e utilizar essa força. O praticante escolhe um objeto, como um cristal ou um amuleto, e segura-o entre as mãos, concentrando-se na intenção que deseja infundir nele. Enquanto canaliza sua energia, ele pode visualizar uma luz que se transfere de suas mãos para o objeto, preenchendo-o com a energia necessária para sua função, seja proteção, cura ou atração de prosperidade. Esse processo de carregamento transforma o objeto em uma extensão da vontade do praticante, tornando-o um aliado em sua jornada espiritual.

A proteção energética é uma prática essencial para qualquer wiccano, e fortalecer a energia pessoal é uma forma de criar um **escudo de proteção** ao seu redor. O praticante visualiza uma esfera de luz que o envolve, formando uma barreira energética que o protege de influências negativas e energias indesejadas. Essa prática é especialmente útil em momentos de vulnerabilidade ou em ambientes carregados. Ele pode fortalecer essa barreira diariamente, recitando uma oração ou afirmando mentalmente sua intenção de proteção, tornando-a uma defesa invisível mas poderosa.

Ao longo do tempo, o praticante aprende a **identificar e a gerir suas energias internas**, conhecendo melhor seus próprios limites e os sinais de quando sua energia precisa ser renovada. A energia pessoal é sensível a emoções, pensamentos e ambientes; portanto, é essencial que ele desenvolva a capacidade de perceber quando está em desequilíbrio. Práticas de relaxamento, meditação e autocuidado são importantes para restaurar a energia e manter o bem-estar físico e espiritual. Quando o praticante está em sintonia consigo mesmo, sua energia pessoal flui de maneira harmoniosa, fortalecendo sua capacidade de realizar magia e de se conectar com o divino.

O trabalho com **chakras**, ou centros energéticos do corpo, é uma prática que ajuda o praticante a equilibrar sua energia pessoal. Cada chakra está associado a uma área específica da vida e a determinadas qualidades e emoções. Por exemplo, o chakra do coração está ligado ao amor e à compaixão, enquanto o chakra da raiz está relacionado à segurança e à estabilidade. Ao meditar nos chakras e visualizar cada um deles brilhando e girando em harmonia, o praticante restaura seu equilíbrio e aprimora o fluxo de energia pelo corpo, fortalecendo sua saúde física e espiritual.

A **lua e os ciclos naturais** influenciam diretamente a energia pessoal, e o praticante aprende a trabalhar em harmonia com esses ritmos para amplificar seu poder. A Lua Cheia, por exemplo, é um momento de energia intensa e de expansão, ideal para rituais que exigem força e para a ampliação da própria energia pessoal. Já a Lua Minguante é uma fase de descanso e de liberação, onde o praticante permite que sua energia se recupere e se renove. Seguir os ciclos naturais é uma maneira de sincronizar-se com o universo, utilizando as energias externas para apoiar e fortalecer seu próprio campo energético.

Outro aspecto essencial do trabalho com a energia pessoal é o **comprometimento com a ética e com a responsabilidade**. Ao utilizar sua própria energia, o praticante deve lembrar-se da regra da Wicca de "não causar dano". Manipular e direcionar a energia com intenções puras e cuidadosas é essencial para que ele mantenha um equilíbrio saudável e não atraia repercussões indesejadas. A energia pessoal, quando utilizada de maneira ética, torna-se um recurso de crescimento e de cura tanto para o praticante quanto para aqueles ao seu redor.

A energia pessoal também é uma fonte de **inspiração e de autodescoberta**, onde o praticante encontra insights sobre si mesmo e sobre sua própria força interior. Trabalhar com a própria energia é um processo contínuo de aprendizado, onde ele descobre suas capacidades, seus dons e os aspectos que ainda precisam ser desenvolvidos. Essa jornada de autodescoberta é enriquecida pela prática constante e pelo compromisso com seu caminho espiritual, transformando cada experiência em uma oportunidade de crescimento.

Na Wicca, a energia pessoal é mais do que um recurso mágico; é uma expressão da essência e do poder interior de cada indivíduo. Ao aprender a identificar, cultivar e direcionar essa energia, o praticante desenvolve confiança em seu próprio poder e em sua capacidade de influenciar o mundo ao seu redor de maneira positiva e harmoniosa. O trabalho com a energia pessoal é, portanto, uma jornada de autoconhecimento e de fortalecimento espiritual, onde cada prática e cada ritual o aproximam mais do sagrado e do divino que habita dentro dele e no universo que o rodeia.

Capítulo 18
Feitiços Simples

No coração da prática wiccana, os feitiços simples são expressões de intenção, criatividade e conexão com as forças naturais. A magia wiccana, em sua essência, é uma prática que reflete a união da vontade do praticante com os elementos e as energias que o rodeiam, utilizando gestos, palavras e objetos simbólicos para manifestar intenções. Feitiços simples, por sua vez, são acessíveis e diretos, permitindo que até mesmo iniciantes trabalhem com magia de forma responsável e eficaz. Esses feitiços não exigem complexidade ou ferramentas elaboradas; o que conta é a intenção clara, a concentração e o respeito pelo poder mágico que reside no praticante e na natureza.

Para iniciar o trabalho com feitiços simples, o praticante deve estar **centrado e focado** em sua intenção, pois é ela que guiará e moldará o resultado. Antes de lançar um feitiço, ele pode dedicar alguns minutos à meditação ou à respiração profunda, acalmando sua mente e conectando-se com seu propósito. Esse estado de concentração permite que a energia flua de maneira clara e focada, eliminando distrações que possam interferir no feitiço. A intenção é o que infunde o feitiço com força, e é essencial que o praticante esteja plenamente consciente do que deseja alcançar e das possíveis repercussões de suas ações.

Um dos feitiços mais comuns e fáceis de realizar é o **feitiço de prosperidade**. Esse feitiço pode ser feito utilizando uma vela verde, um símbolo universal de abundância e crescimento. O praticante acende a vela e se concentra no desejo de atrair prosperidade para sua vida, visualizando-se recebendo abundância de diversas formas. Ele pode sussurrar palavras de intenção, como: "Que a prosperidade floresça em minha vida, como a Terra floresce na primavera. Que minha casa e meu coração sejam preenchidos com abundância e gratidão." O praticante permite que a vela queime até o fim, sabendo que o ato de visualização e de fala ajuda a ancorar sua intenção na realidade.

Outro feitiço simples e poderoso é o **feitiço de proteção**, que pode ser feito com sal e uma vela preta ou branca. O sal é conhecido por suas propriedades purificadoras, enquanto a vela representa a luz e a segurança. O praticante traça um círculo de sal ao redor da vela e, ao acendê-la, visualiza uma barreira de luz ao seu redor, que o protege de influências negativas. Ele pode recitar um encantamento de proteção, como: "Com este círculo de sal e esta chama brilhante, crio uma barreira de segurança e de paz. Que nenhuma sombra cruze este limite, e que eu permaneça protegido e em harmonia." Ao finalizar o feitiço, o praticante varre o sal, agradecendo pela proteção recebida.

Para atrair amor ou fortalecer os laços de amizade, o **feitiço de amor e harmonia** é uma prática simples que envolve elementos naturais e cores simbólicas. O praticante pode usar uma vela rosa e algumas pétalas de rosa, representando amor, ternura e compreensão. Ele acende a vela e espalha as pétalas ao redor dela, enquanto visualiza o amor e a harmonia crescendo em sua vida e em seus relacionamentos. Em um tom suave, pode dizer: "Que o amor e a compreensão cresçam em meu coração e ao meu redor. Que eu atraia e ofereça harmonia, e que minha vida seja preenchida com afeto e respeito." Esse feitiço não interfere na vontade de outros, mas serve para aumentar a capacidade de amor próprio e para promover relações sinceras.

Feitiços de cura são igualmente simples e eficazes, sendo destinados a promover bem-estar e equilíbrio físico e emocional. Para um **feitiço de cura**, o praticante pode usar um cristal de quartzo rosa ou verde, conhecido por suas propriedades de cura e de paz. Segurando o cristal nas mãos, ele concentra-se na área que deseja curar, visualizando uma luz curativa preenchendo o local.

Ele pode recitar um encantamento de cura, como: "Que a luz do universo traga paz e saúde a meu corpo e a minha alma. Que toda dor se dissipe e que o bem-estar reine em mim." Este cristal pode ser carregado pelo praticante ou colocado próximo ao local que precisa de cura, lembrando-se de que a prática também deve ser acompanhada por cuidados médicos, quando necessário.

Para quem deseja aumentar sua prosperidade em questões financeiras, o **feitiço da moeda da sorte** é uma prática simples, mas poderosa. O praticante escolhe uma moeda e a consagra com sal e água, pedindo que ela o ajude a atrair abundância. Ele segura a moeda em suas mãos e visualiza prosperidade chegando em sua vida, fortalecendo o feitiço com palavras como: "Que esta moeda se torne um ímã de prosperidade, atraindo abundância a cada dia." Essa moeda pode ser guardada em sua carteira ou em um local especial, como um amuleto de boa sorte, lembrando-o de sua intenção de prosperidade.

Os feitiços de purificação e limpeza são também muito úteis para quem busca um ambiente harmonioso. O **feitiço de limpeza com ervas** é simples e envolve o uso de ervas secas, como alecrim, lavanda e sálvia. O praticante queima essas ervas em um recipiente seguro, permitindo que a fumaça se espalhe pelo ambiente. Ele visualiza a fumaça levando embora as energias indesejadas, recitando um encantamento de purificação, como: "Com esta fumaça sagrada, limpo e renovo este espaço. Que a paz e a luz preencham cada canto, e que toda negatividade seja afastada." Este feitiço pode ser repetido sempre que o ambiente parecer pesado ou estagnado.

Para fortalecer sua intuição e sabedoria espiritual, o praticante pode realizar o **feitiço de clareza mental**, utilizando uma ametista e uma vela azul. A ametista é uma pedra de claridade espiritual, e a cor azul representa o conhecimento e a intuição. Ele acende a vela e segura a ametista entre as mãos, visualizando sua mente clara e sua intuição aflorando. Ele pode recitar: "Que a sabedoria e a clareza sejam minhas guias, iluminando meus pensamentos e revelando o caminho. Que minha intuição se fortaleça e minha mente veja com nitidez."

Esse feitiço pode ser feito antes de momentos de decisão, ajudando-o a ouvir sua voz interior.

Feitiços de proteção para o lar são bastante populares na Wicca. O **feitiço de proteção do lar com limão e sal** é uma prática comum, onde o praticante corta um limão ao meio e cobre as metades com sal. Ele as coloca perto das portas de entrada ou janelas, visualizando o sal e o limão absorvendo qualquer energia negativa. Ao final de alguns dias, as metades são descartadas, levando consigo as influências indesejadas. Esse feitiço é simples e eficaz, criando um escudo invisível que protege o ambiente e traz paz ao lar.

Ao longo do tempo, o praticante aprende que o poder de um feitiço simples não está em objetos sofisticados, mas na clareza e na pureza de sua intenção. Ele se conscientiza de que cada gesto, cada palavra e cada visualização têm o poder de moldar a realidade. A prática de feitiços simples ensina o wiccano a confiar em seu próprio poder e a compreender que, na Wicca, a verdadeira magia é uma expressão da intenção alinhada com as forças da natureza e do universo.

Esses feitiços, mesmo sendo simples, são rituais de autoconhecimento e de poder pessoal, onde o praticante encontra um reflexo de seu próprio desejo de crescer, proteger-se, prosperar e curar. Os feitiços simples são portais para uma prática de magia intuitiva e sincera, que respeita as leis da natureza e que transforma o dia a dia em uma jornada mágica e sagrada.

Capítulo 19
Velas Mágicas

Na Wicca, as velas ocupam um lugar especial como instrumentos de manifestação e conexão com o divino. As velas mágicas são ferramentas simples, mas poderosas, que auxiliam o praticante a canalizar intenções, definir objetivos e criar um ambiente sagrado para o trabalho espiritual. Cada chama acesa representa a força vital, a transformação e o espírito que se eleva, ligando o mundo físico ao mundo espiritual. Em rituais e feitiços, as velas tornam-se pontos focais de energia, e suas cores, formas e modos de uso são escolhidos com cuidado para refletir as intenções e amplificar o poder do praticante.

A magia com velas é fundamentada na **escolha das cores**, pois cada cor carrega vibrações específicas que ressoam com diferentes propósitos mágicos. A cor de uma vela pode intensificar a energia de um feitiço e atrair vibrações que reforcem o desejo do praticante. Velas brancas, por exemplo, são vistas como símbolos de pureza, paz e proteção. Elas são usadas em rituais de limpeza e consagração, onde o objetivo é purificar energias ou estabelecer uma conexão clara com o divino. A vela branca também substitui qualquer outra cor quando o praticante não possui uma vela específica, pois é considerada universal.

A vela vermelha é uma das mais intensas, associada ao fogo, à paixão e à coragem. Sua energia é ardente e vital, sendo ideal para feitiços de motivação, desejo e amor intenso. A vela vermelha também é utilizada para fortalecer a saúde e trazer proteção em situações desafiadoras. Em contraste, a vela rosa traz vibrações suaves de amor, amizade e ternura, sendo indicada para feitiços de amor próprio e harmonia nos relacionamentos. Já a vela verde está ligada à Terra e à prosperidade, sendo usada em rituais de abundância, fertilidade e cura.

Para atrair sucesso e clareza mental, o praticante pode optar pela **vela amarela**, associada ao elemento Ar e ao poder da mente e da comunicação. Essa vela é ideal para feitiços de aprendizado, criatividade e resolução de problemas. Em rituais de prosperidade, a vela dourada ou amarela também é utilizada para atrair boa sorte e abundância financeira. A vela azul, por sua vez, é ligada à paz, à serenidade e à proteção espiritual, sendo utilizada em rituais que visam tranquilidade, cura emocional e fortalecimento da intuição. Sua luz suave acalma e ajuda o praticante a entrar em estados meditativos profundos.

Outro aspecto importante na magia com velas é a **consagração da vela** antes de seu uso. Para consagrar uma vela, o praticante segura-a entre as mãos, concentrando-se em sua intenção e visualizando a energia fluindo para ela. Muitas vezes, óleos essenciais são utilizados para ungir a vela, simbolizando o ato de consagrá-la e imbuí-la com um propósito específico. Cada óleo tem suas próprias correspondências: o óleo de lavanda, por exemplo, é calmante e purificador; o de canela é energizante e atrai prosperidade. Ao ungir a vela de acordo com a intenção, o praticante adiciona uma camada extra de significado e força ao feitiço.

No momento de acender a vela, o praticante invoca sua intenção de maneira clara e direta. O ato de acender a chama representa o despertar da energia e o início do processo mágico. Com a vela acesa, ele pode recitar palavras de poder, visualizar a manifestação de seu desejo e manter o foco na chama, que se torna um ponto de conexão entre o desejo e sua realização. A chama de uma vela, ao ser observada, carrega uma força meditativa que atrai o praticante para um estado de concentração, tornando-se uma âncora para sua energia e intenção.

Os **rituais de velas** podem variar em complexidade, desde feitiços simples até práticas mais elaboradas. Um exemplo de feitiço com velas é o **feitiço de atração de prosperidade**, que utiliza uma vela verde ungida com óleo de canela ou patchouli. O praticante acende a vela e visualiza abundância entrando em sua vida, sentindo-se merecedor de prosperidade. Ele pode colocar moedas ou pequenos objetos simbólicos ao redor da vela, reforçando a intenção de atrair riqueza. Durante o ritual, ele recita uma oração ou encantamento que fortalece sua intenção, como: "Que a prosperidade venha até mim, como a Terra floresce e dá frutos. Que minha vida seja preenchida com abundância e gratidão."

Outro exemplo é o **feitiço de paz e proteção** realizado com uma vela azul ou branca. O praticante unta a vela com óleo de lavanda e a acende em um ambiente tranquilo, visualizando uma luz protetora ao seu redor e sentindo-se cercado de paz. Este feitiço é ideal para momentos de estresse ou ansiedade, onde ele busca harmonia e equilíbrio. Enquanto a vela queima, o praticante pode recitar palavras como: "Que a paz e a proteção estejam comigo. Que minha mente seja clara e meu coração esteja em paz." Este ritual simples ajuda a aliviar tensões e a promover um estado de calma e segurança.

O uso de **formas e tamanhos diferentes** de velas também traz variabilidade aos rituais e feitiços. Velas pequenas, como as velas de chá, são ideais para feitiços rápidos e de curto prazo, enquanto velas de tamanho médio ou grandes são usadas em rituais que exigem mais energia e que têm objetivos a longo prazo. Velas em formato de figuras, como as de coração, são usadas para feitiços de amor; e velas de espiral são escolhidas para rituais de transformação, pois simbolizam o caminho evolutivo e a mudança.

Durante o processo mágico, o praticante observa a chama da vela em busca de sinais e respostas, um método conhecido como **piromancia**. A maneira como a chama se comporta pode dar ao praticante uma indicação de como o feitiço está se desenrolando. Uma chama alta e brilhante é interpretada como um sinal de que a energia está fluindo bem, enquanto uma chama que pisca ou vacila pode indicar obstáculos ou a necessidade de reforçar a intenção. Esses sinais são lidos com intuição e discernimento, permitindo que o praticante se adapte e ajuste sua prática conforme necessário.

Os **restos das velas**, como a cera derretida e o pavio, também são considerados significativos. Muitos wiccanos observam os padrões e as formas que a cera forma ao derreter, buscando significados e símbolos que possam revelar informações sobre o feitiço. Após o ritual, é comum que o praticante descarte os restos da vela de maneira respeitosa, como enterrá-los na terra, principalmente se o feitiço for de renovação ou de crescimento. Esse ato simboliza a conclusão do processo mágico e o retorno das energias ao universo.

A magia com velas na Wicca é uma prática de **intenção e de presença**, onde cada elemento — cor, aroma, forma e chama — contribui para a criação de um ambiente sagrado. O praticante aprende que cada vela é um canal de transformação e que, ao acender a chama, ele se conecta com a força primordial do fogo e com a capacidade de transformar suas intenções em realidade. As velas mágicas são símbolos de luz e de energia, e seu uso traz uma dimensão espiritual e intuitiva que eleva a prática da magia wiccana.

A prática com velas ensina ao wiccano que a magia está em sua própria vontade, em sua capacidade de visualizar e de direcionar energia com respeito e clareza. As velas, com sua simplicidade e poder, são uma forma de celebrar o mistério e a beleza da criação, iluminando o caminho do praticante e fortalecendo sua conexão com o sagrado. Em cada chama que se acende, ele encontra um reflexo do seu próprio espírito em busca de harmonia, crescimento e iluminação.

Capítulo 20
Incensos Sagrados

Na Wicca, o incenso é mais do que uma fragrância; é uma ponte entre o mundo material e o espiritual, um elemento que eleva a mente e purifica o ambiente, preparando o praticante para o ritual e a meditação. Queimar incenso é um ato de reverência e conexão com o sagrado, uma maneira de invocar as energias dos elementos e de estabelecer uma atmosfera de serenidade e proteção. O incenso sagrado é, assim, um aliado poderoso na prática wiccana, e seu uso permite que o praticante amplifique suas intenções, purifique o espaço e intensifique o vínculo com as energias universais.

Os incensos são geralmente escolhidos de acordo com suas propriedades aromáticas e energéticas, e cada tipo de erva, resina ou madeira usada para preparar o incenso possui uma correspondência mágica específica. A **sálvia branca**, por exemplo, é conhecida por seu poder purificador e de limpeza espiritual. Queimar sálvia antes de um ritual ou meditação ajuda a dissipar energias indesejadas, preparando o ambiente e o praticante para o trabalho espiritual. Este incenso é amplamente usado em rituais de proteção e em momentos de transição, pois sua fumaça carrega consigo a intenção de renovação e de segurança.

Outra resina muito utilizada na Wicca é o **olíbano**, também conhecido como frankincense. Este incenso é associado à espiritualidade elevada e à clareza mental, sendo ideal para rituais de invocação e de conexão com o divino. Quando queimado, o olíbano emite uma fumaça suave e fragrante que eleva o espírito e promove um estado de paz profunda. Ele é amplamente utilizado em celebrações e em rituais de consagração, onde o praticante deseja estabelecer uma conexão com a energia sagrada e com a sabedoria interior. Sua presença no altar cria uma atmosfera de respeito e de elevação espiritual, reforçando o vínculo com o divino.

O **sândalo** é outro incenso popular entre os praticantes wiccanos, sendo associado à proteção, à cura e à serenidade. Seu aroma doce e suave promove um ambiente de calma e introspecção, facilitando a meditação e a conexão com a energia do elemento Terra. O sândalo é especialmente eficaz em rituais de cura, onde a intenção é trazer equilíbrio e paz ao praticante ou ao espaço. Ao queimar sândalo, o praticante sente-se ancorado e protegido, e sua energia harmoniosa ajuda a afastar preocupações e a criar um ambiente seguro e tranquilo.

Para atrair prosperidade e sucesso, o praticante pode optar pelo **incenso de canela**, conhecido por suas propriedades de atração e de aumento de energia. A canela é uma especiaria vibrante e calorosa que amplifica a energia de rituais de abundância e de coragem. Queimar incenso de canela ao iniciar um projeto ou ao buscar oportunidades traz um impulso de motivação e de foco, ajudando o praticante a concentrar-se em suas metas e a manifestar seus desejos. Além disso, a canela é um excelente incenso para feitiços de amor e de paixão, pois sua energia calorosa e envolvente intensifica os sentimentos e atrai conexões profundas.

A **lavanda** é um incenso sagrado usado para promover paz, cura e relaxamento. Seu aroma suave e floral acalma a mente e o corpo, sendo ideal para rituais de purificação emocional e para práticas de autoconhecimento. Quando o praticante queima incenso de lavanda, ele cria um ambiente propício para o descanso e a cura interior. Este incenso é excelente para ser queimado antes de dormir ou em momentos de reflexão, pois sua energia acolhedora ajuda a liberar ansiedades e a trazer serenidade. A lavanda é amplamente utilizada em feitiços de proteção emocional e em práticas de autocuidado, onde o objetivo é restaurar o equilíbrio e a tranquilidade.

Na Wicca, o **mirra** é um incenso associado à proteção e à elevação espiritual. Tradicionalmente utilizado em rituais de purificação, ele é queima para afastar energias negativas e para proteger o praticante durante feitiços e cerimônias. A mirra possui uma energia antiga e poderosa que conecta o praticante com a sabedoria ancestral e com as forças espirituais que guiam seu caminho. Quando usada em rituais de agradecimento e de renovação, a mirra ajuda a elevar a vibração e a criar uma atmosfera de respeito e de conexão profunda com o divino.

Além das ervas e resinas individuais, o praticante wiccano pode preparar **misturas personalizadas de incensos** para alcançar propósitos específicos. Por exemplo, uma mistura de olíbano, sálvia e sândalo pode ser usada para purificação intensa, combinando a energia protetora da sálvia com a elevação espiritual do olíbano e a serenidade do sândalo. Para feitiços de prosperidade, o praticante pode combinar canela, cravo e alecrim, criando um incenso que promove sucesso, abundância e proteção. Essas misturas são preparadas com intenção e respeito, pois cada ingrediente escolhido carrega uma contribuição única para a energia do feitiço.

O processo de queimar incenso é um ritual em si, onde o praticante estabelece uma conexão consciente com o elemento Ar e com a energia do fogo. Ao acender o incenso, ele observa a chama e a fumaça que se eleva, visualizando suas intenções sendo levadas para o universo. Durante esse momento, o praticante pode fazer uma oração ou uma afirmação, concentrando-se naquilo que deseja manifestar ou purificar. A fumaça é vista como um meio de comunicação, um canal que leva os pensamentos e as intenções ao divino, transformando o espaço ao seu redor.

O uso de incenso também é eficaz para **purificação de objetos e de espaços**. Quando o praticante deseja consagrar um novo objeto, como uma pedra ou um amuleto, ele passa o objeto pela fumaça do incenso, pedindo que ele seja purificado e energizado. Da mesma forma, o incenso é queimado ao redor do altar e dos instrumentos sagrados antes de um ritual, eliminando quaisquer energias residuais e preparando o espaço para o trabalho mágico. Essa prática de purificação é um ato de respeito e de cuidado, onde o praticante reconhece a importância de um ambiente energeticamente limpo para o desenvolvimento espiritual.

A queima de incenso também promove **meditação e introspecção**. Muitos praticantes escolhem um incenso específico para cada tipo de meditação, ajustando a energia do aroma com o propósito da prática. Para meditações de cura, a lavanda ou o sândalo são ideais, pois promovem um estado de relaxamento profundo. Para meditações de clareza mental e de intuição, o olíbano é uma excelente escolha. O incenso ajuda o praticante a concentrar-se e a manter o foco, permitindo que ele aprofunde seu contato com o inconsciente e explore sua própria sabedoria interior.

Os **incensos lunares** também têm seu lugar na prática wiccana, especialmente durante rituais que honram as fases da Lua. Para a Lua Nova, incensos de sálvia ou mirra são ideais para purificação e renascimento. Durante a Lua Cheia, incensos florais como jasmim ou rosas são usados para celebrar a plenitude e a conexão com o divino feminino. A fumaça de cada incenso escolhido para as fases lunares complementa as energias específicas de cada ciclo, ajudando o praticante a sintonizar-se com as mudanças naturais e a fortalecer suas intenções.

Por fim, o incenso sagrado na Wicca é mais do que um recurso mágico; ele é uma expressão da intenção e do respeito do praticante pelo poder dos elementos e pela energia do universo. Cada tipo de incenso, com suas características e propriedades, é um aliado que auxilia o praticante a transformar e a purificar suas energias, promovendo um ambiente harmonioso e protegido para a prática mágica. Queimar incenso é um ato de conexão e de entrega, onde o praticante reconhece que cada sopro de fumaça é um símbolo de sua própria jornada espiritual, elevando-se ao mistério e ao sagrado.

Ao incorporar incensos em sua prática, o wiccano cria um espaço de paz, de clareza e de presença espiritual, onde cada ritual se torna um momento de integração e de reverência ao mundo natural.

Capítulo 21
Símbolos Sagrados

Na Wicca, os símbolos sagrados são muito mais do que simples imagens; eles são representações poderosas das energias, dos princípios e das forças que moldam o universo. Cada símbolo carrega consigo uma carga arquetípica, funcionando como uma chave que abre portas para dimensões espirituais e energéticas. Por meio desses símbolos, o praticante conecta-se com os mistérios do cosmos, ativa intenções e atrai para si as energias que deseja manifestar em sua vida e em sua prática mágica. Desde o antigo pentagrama até formas como a espiral e a tríade, os símbolos sagrados são ferramentas essenciais para o wiccano em seus rituais, feitiços e jornadas de autoconhecimento.

O **pentagrama** é o símbolo mais conhecido e amplamente utilizado na Wicca. Representado como uma estrela de cinco pontas, o pentagrama é um símbolo de proteção e equilíbrio. Cada uma de suas pontas representa um dos elementos — Terra, Ar, Fogo, Água e Espírito —, demonstrando a interconexão dessas forças e sua presença em todas as formas de vida. A ponta superior, que representa o Espírito, simboliza a harmonia e a união entre os elementos e o divino, indicando que o Espírito governa e equilibra as forças da natureza. Quando o praticante desenha ou utiliza o pentagrama em um ritual, ele invoca essa harmonia e essa proteção, criando um escudo que impede a entrada de energias indesejadas.

Na prática wiccana, o pentagrama também é associado ao ciclo de nascimento, vida, morte, renascimento e recomeço, representando a natureza cíclica da existência. Ao traçar o pentagrama no ar ou em um objeto, o praticante ativa essa energia de renovação e de conexão com o ciclo universal. Por essa razão, o pentagrama é muitas vezes usado em rituais de consagração e de proteção, e muitos wiccanos optam por carregá-lo em forma de pingente como um amuleto protetor.

Outro símbolo importante é a **tríade** ou triquetra, que representa a Deusa em seus três aspectos: Donzela, Mãe e Anciã. Esses três aspectos correspondem às fases da Lua e simbolizam a transição de crescimento, maturidade e sabedoria. A Donzela, associada à Lua Crescente, representa a inocência, a pureza e o potencial. A Mãe, associada à Lua Cheia, simboliza a fertilidade, a criação e o cuidado. A Anciã, associada à Lua Minguante, reflete a sabedoria, o descanso e o renascimento. Ao utilizar a tríade em seus rituais, o praticante se sintoniza com a força cíclica da Deusa e reconhece a presença dela em todas as fases de sua vida, aprendendo a honrar cada etapa com reverência.

A **espiral** é um símbolo de crescimento, evolução e transformação espiritual. Esse símbolo é encontrado em diversas culturas e representa o caminho da vida e o fluxo contínuo de energia. Na Wicca, a espiral é frequentemente associada ao desenvolvimento interior, onde o praticante mergulha em si mesmo para descobrir as profundezas de seu espírito e, ao mesmo tempo, expandir sua consciência para o universo. A espiral é utilizada em meditações e em rituais de autodescoberta, onde o praticante visualiza sua jornada espiritual como uma espiral que se desdobra, revelando novas verdades e despertando uma conexão mais profunda com o divino.

O **Ankh** é um símbolo que foi emprestado da mitologia egípcia e representa a vida eterna e a força vital. Com sua forma de cruz com uma laçada no topo, o Ankh é utilizado para atrair saúde, longevidade e vitalidade. Na Wicca, ele é valorizado como um amuleto que carrega a energia da vida e é muitas vezes usado em feitiços e rituais de cura e de proteção. Ao trabalhar com o Ankh, o praticante se conecta com a força vital que permeia todas as coisas e com a energia da eternidade, reforçando a crença na continuidade da alma e na transformação após a morte.

Outro símbolo significativo na Wicca é a **Lua tripla**, que exibe as fases da Lua Crescente, Cheia e Minguante. Esse símbolo representa não apenas as fases da Deusa, mas também os ciclos da vida e as etapas de desenvolvimento do espírito. A Lua tripla é usada para honrar a Deusa e é um símbolo poderoso em rituais que buscam a intuição, a proteção e a sabedoria. Ao invocar a Lua tripla, o praticante ativa a energia da mudança, reconhecendo que a vida é um ciclo contínuo de transformação, onde cada fase é essencial para o crescimento e para o equilíbrio espiritual.

A **cruz celta** é outro símbolo respeitado, especialmente entre os praticantes de tradições wiccanas mais ligadas à cultura celta. Com seu formato de cruz circular, ela representa a união entre o mundo material e o espiritual, simbolizando o ciclo da vida e da natureza. A cruz celta é muitas vezes esculpida em altares ou usada em talismãs para fortalecer a conexão com a Terra e para atrair proteção e equilíbrio. Seu círculo central simboliza a continuidade e a eternidade, reforçando a ideia de que a vida é uma teia interconectada de experiências e aprendizados.

O símbolo do **sol** é usado para representar o Deus na Wicca, sendo associado ao poder criativo, à luz e à energia vital. Em contraste com a Lua, que representa a Deusa, o sol simboliza a força masculina e é celebrado em rituais que buscam vitalidade, energia e crescimento. O praticante usa o sol como símbolo em rituais de agradecimento pela colheita e em celebrações sazonais, como o Solstício de Verão, quando a energia solar atinge seu auge. O símbolo do sol reforça o equilíbrio entre o masculino e o feminino e é uma lembrança do ciclo da vida que depende da harmonia entre ambas as forças.

Além desses símbolos primordiais, a Wicca incorpora diversos outros símbolos e **sinais pessoais** que o praticante pode criar e adotar em sua prática. Estes símbolos pessoais são desenvolvidos ao longo do caminho, inspirados por experiências, visões ou insights espirituais, e refletem a individualidade e a essência de cada praticante. Muitos wiccanos escolhem registrar esses símbolos em seus grimórios ou até mesmo em objetos pessoais, infundindo neles sua energia e suas intenções.

Os símbolos sagrados são utilizados não apenas em rituais e feitiços, mas também como **proteção e amuletos** que o praticante carrega consigo. Um pentagrama, por exemplo, pode ser usado como pingente, representando a proteção e o equilíbrio dos elementos. A tríade, quando carregada, reforça a conexão com a Deusa e a sabedoria feminina, enquanto a espiral lembra o praticante de sua jornada de autodescoberta e de evolução espiritual. Esses amuletos sagrados são consagrados e carregados com a energia pessoal do praticante, tornando-se uma extensão de sua conexão com o divino.

Ao usar e honrar esses símbolos, o wiccano participa de uma **tradição milenar de respeito e de conexão com o sagrado**. Cada símbolo é uma porta que se abre para os mistérios da vida e para a sabedoria espiritual, lembrando o praticante de que ele faz parte de algo maior, uma teia universal de energias e de forças que moldam o mundo. Em sua prática diária, o praticante é encorajado a refletir sobre esses símbolos e a descobrir seu significado pessoal, integrando-os em sua vida como guias e protetores em sua jornada espiritual.

Para o wiccano, os símbolos sagrados são mais do que simples representações; são aliados que lhe conferem força, sabedoria e conexão com o divino. Cada símbolo sagrado, ao ser invocado ou utilizado, desperta uma parte do espírito do praticante, trazendo-lhe insights, proteção e uma compreensão mais profunda da natureza espiritual da existência.

Capítulo 22
Alfabetos Mágicos

Dentro da prática wiccana, os alfabetos mágicos são mais do que simples meios de comunicação. Eles representam um caminho místico de conexão com os segredos do universo, uma linguagem simbólica que traduz a sabedoria antiga e que pode ser utilizada para a magia, proteção e autoconhecimento. Esses alfabetos, como as runas nórdicas e o ogham celta, carregam uma energia própria, uma vibração que ativa as intenções do praticante e amplia seu poder ritualístico. Em suas inscrições e formas, esses caracteres guardam ensinamentos ancestrais que despertam a intuição e trazem força espiritual.

As **runas** são um dos sistemas mágicos mais antigos e amplamente utilizados na Wicca. De origem germânica, as runas nórdicas são compostas de símbolos que representam ideias, forças da natureza e aspectos da vida humana. Cada runa possui um nome e um significado específico, sendo associada a uma energia ou princípio. Por exemplo, a runa **Fehu** simboliza a riqueza e a abundância; **Algiz** representa proteção e conexão espiritual; e **Ansuz** está associada à inspiração e à comunicação divina. Essas runas são utilizadas tanto para divinação quanto para magia, permitindo que o praticante explore sua própria intuição e alinhe-se com as energias representadas por cada símbolo.

Para realizar um ritual com runas, o praticante pode gravar uma runa em um amuleto ou objeto pessoal, consagrando-o com sua intenção. Esse objeto então se torna um canal para a energia da runa escolhida, carregando consigo a proteção, a prosperidade ou a sabedoria desejada. Um feitiço simples envolvendo runas pode consistir em escolher uma pedra ou pedaço de madeira, gravar a runa correspondente ao propósito e carregá-la consigo como um amuleto. A energia da runa, combinada com a intenção do praticante, cria um campo de proteção ou de atração para o que foi definido no ritual.

Outro alfabeto mágico importante na Wicca é o **ogham**, um sistema de escrita celta que remonta às antigas tradições druídicas. O ogham é composto de vinte letras, cada uma associada a uma árvore sagrada, o que reflete a profunda conexão dos celtas com a natureza. As letras do ogham são linhas verticais e horizontais que podem ser gravadas em pedras, madeira ou amuletos para fins mágicos e divinatórios. Cada letra do ogham representa uma qualidade específica, como força, proteção ou sabedoria, dependendo da árvore à qual está associada.

Na prática mágica, o ogham é utilizado tanto para escrita quanto para meditação e rituais de consagração. A letra **Beith**, por exemplo, representa a bétula, associada a novos começos e à purificação. O praticante pode desenhar essa letra em seu altar ou em um objeto, pedindo à energia da bétula que lhe traga renovação e clareza. Já **Duir**, associada ao carvalho, é uma letra de força e proteção espiritual, invocada para estabilidade e resiliência. Ao usar o ogham, o praticante se alinha com a sabedoria ancestral da natureza e encontra nesses símbolos uma forma de compreender e direcionar as forças naturais.

Além das runas e do ogham, alguns praticantes também incorporam o **Alfabeto Tebano** em seus rituais e feitiços. Conhecido também como "alfabeto das bruxas", o tebano é composto por símbolos arcanos que são usados em talismãs, grimórios e inscrições mágicas. Por sua aparência misteriosa e sua associação com a tradição mágica, o Alfabeto Tebano é utilizado principalmente como uma forma de sigilo e de proteção. Quando o praticante escreve um feitiço ou um pedido em tebano, ele adiciona uma camada extra de sigilo e segurança, protegendo suas intenções de olhares curiosos e mantendo sua prática em segredo.

A utilização de alfabetos mágicos na Wicca não se limita à escrita, mas se estende à criação de **sigilos**, símbolos personalizados que condensam uma intenção em um único desenho ou palavra. Um sigilo é criado a partir da intenção do praticante, e os alfabetos mágicos podem ser utilizados para desenhar as letras iniciais ou simplificadas do desejo. Após criar o sigilo, ele pode ser desenhado em um pedaço de papel, gravado em um amuleto ou até mesmo inscrito na vela de um feitiço. O sigilo é então carregado com a energia da intenção e ativado em um ritual específico, funcionando como um selo energético que libera o desejo para o universo.

Outro método popular de utilizar alfabetos mágicos é a **escrita mágica em grimórios**, onde o praticante documenta suas experiências, feitiços e aprendizagens em uma linguagem protegida. Utilizando runas, ogham ou o alfabeto tebano, ele escreve sobre sua jornada espiritual de maneira codificada, criando um registro que carrega a força dos símbolos ancestrais. Esse ato de escrita não é apenas uma forma de registro, mas também uma maneira de energizar e proteger seu trabalho. As páginas se tornam encantadas, pois cada símbolo e letra carrega a intenção e o poder dos antigos alfabetos, tornando o grimório um verdadeiro tesouro de saberes e de poder.

Os alfabetos mágicos também são usados para **invocações e consagrações**. Em um ritual de consagração, o praticante pode inscrever uma runa ou uma letra do ogham em um objeto, como um cálice ou uma varinha, para fortalecer e consagrar sua função mágica. Ao gravar a letra em uma ferramenta ritual, ele direciona uma intenção específica para aquele objeto, carregando-o com a energia correspondente. Esse ato de gravação é feito com cuidado e reverência, reconhecendo que os alfabetos mágicos são um canal para a energia divina e que cada letra é uma expressão de poder.

Para alguns wiccanos, os alfabetos mágicos são também meios de **comunicação com o divino** e de meditação profunda. Ao desenhar ou traçar as letras, o praticante concentra-se em seu significado, permitindo que a sabedoria contida no símbolo se revele de forma intuitiva. Esse processo de contemplação ativa ajuda o praticante a acessar estados elevados de percepção, onde ele pode receber insights e orientações. Cada letra se torna um ponto de contato entre o consciente e o inconsciente, entre o indivíduo e as forças espirituais que o guiam, criando um canal de comunicação direta.

Embora existam diferentes sistemas de alfabetos mágicos, a escolha de qual utilizar depende das preferências e da tradição do praticante. Alguns sentem-se mais conectados com as runas devido à sua simplicidade e à sua ligação com a energia dos elementos, enquanto outros preferem o ogham por sua conexão com as árvores e com a natureza. O importante é que o praticante sinta que o alfabeto escolhido ressoa com sua energia e que ele se comprometa a estudar e a honrar sua tradição, compreendendo o poder e o respeito que cada símbolo exige.

Na prática wiccana, os alfabetos mágicos oferecem ao praticante uma forma de explorar o mundo simbólico e de incorporar a sabedoria ancestral em sua vida cotidiana. Ao utilizá-los em feitiços, talismãs e invocações, o wiccano abre portas para uma dimensão onde cada letra e símbolo são ferramentas de criação e de transformação. Esses alfabetos permitem que ele codifique suas intenções de maneira sutil, assegurando que seus desejos e invocações estejam protegidos e resguardados, mantendo sua prática sagrada e em harmonia com as energias do universo.

Assim, os alfabetos mágicos são mais do que meras letras; são fragmentos de um conhecimento antigo e atemporal, uma linguagem de poder que transcende palavras e que conecta o praticante ao mistério do sagrado. Cada letra e cada símbolo são como portais, abrindo novas possibilidades de autoconhecimento e de manifestação, conduzindo o wiccano a uma jornada de descoberta e de harmonia com as forças que moldam o cosmos.

Capítulo 23
Mitologia Básica

A mitologia é uma das raízes mais profundas da Wicca, fornecendo a base simbólica e espiritual para o entendimento das divindades, das forças naturais e das energias que moldam a prática mágica. Na Wicca, a mitologia não é vista apenas como um conjunto de histórias antigas, mas como narrativas vivas que representam os ciclos universais, as lições espirituais e os aspectos arquetípicos do Deus e da Deusa. Ao mergulhar nos mitos, o praticante encontra reflexos dos próprios desafios, descobertas e potencial de transformação, compreendendo a natureza e o divino de maneira mais ampla e conectada.

A figura do **Deus Cornífero** é central na Wicca e remonta aos mitos antigos de deuses da fertilidade e da caça, como o deus celta Cernunnos e o grego Pan. Representado frequentemente com chifres, o Deus Cornífero simboliza a natureza selvagem, a virilidade e o ciclo de nascimento e morte. Ele é o consorte da Deusa, e juntos formam o equilíbrio essencial da criação. Na mitologia, o Deus Cornífero morre a cada inverno e renasce na primavera, refletindo os ciclos naturais e o sacrifício que possibilita a renovação da vida. Esse ciclo de morte e renascimento é um arquétipo poderoso para o praticante, que aprende com o Deus a honrar as mudanças e a transformação constantes em sua vida.

A **Deusa Tríplice** é outro pilar da mitologia wiccana, representando a feminilidade em suas múltiplas formas e fases. Ela é a Donzela, a Mãe e a Anciã, que simbolizam respectivamente a juventude, a fertilidade e a sabedoria. Esse arquétipo é encontrado em diversas mitologias, como nas figuras de Hécate, Deméter e Perséfone na Grécia, e Morrigan na mitologia celta. Cada uma dessas faces da Deusa ensina ao praticante uma qualidade específica: a Donzela representa a liberdade e o potencial de novos começos; a Mãe, a criação e o cuidado; e a Anciã, a sabedoria e a aceitação do fim e do renascimento. Ao trabalhar com a Deusa Tríplice, o wiccano integra as lições dessas fases em seu próprio desenvolvimento pessoal e espiritual.

Na mitologia celta, a história de **Dagda e Brigid** representa o equilíbrio entre a força e a inspiração. Dagda, conhecido como o "bom deus", é uma figura de sabedoria, proteção e poder. Ele possui um caldeirão mágico que nunca se esvazia, simbolizando a abundância e a generosidade. Brigid, por outro lado, é a deusa da poesia, da cura e da forja, representando o fogo criativo que inspira a mente e o coração. Juntos, Dagda e Brigid ilustram o equilíbrio entre a força física e a criação intelectual, um ensinamento essencial para o praticante wiccano, que busca tanto o poder interno quanto a inspiração divina.

A mitologia também traz os ciclos da **Roda do Ano**, com seus festivais sagrados que celebram as estações e as transições naturais. Na Wicca, cada Sabbat é associado a uma fase do mito do Deus e da Deusa. Por exemplo, em **Beltane**, o Deus Cornífero e a Deusa se unem, representando a fertilidade e a celebração da vida. Já em **Samhain**, o Deus se sacrifica, refletindo o mistério da morte e o contato com os ancestrais. Cada festival e narrativa traz lições de crescimento, reflexão e aceitação das mudanças, que se tornam parte do ciclo espiritual do praticante.

A **mitologia grega** oferece personagens que também são reverenciados na Wicca, como Hécate, a deusa das encruzilhadas, da magia e do mistério noturno. Hécate é frequentemente associada à Lua Minguante e à sabedoria profunda, e é uma guia para aqueles que buscam compreender o oculto e o subconsciente. Suas histórias representam a capacidade de tomar decisões e de trilhar caminhos que nem sempre são claros, ensinando o praticante a enfrentar suas próprias sombras com coragem. Ao invocar Hécate, o wiccano busca orientação para atravessar momentos de transição e para acessar conhecimentos ocultos.

A **mitologia egípcia** também contribui com figuras importantes, como Ísis e Osíris, que simbolizam a união do amor e o ciclo de morte e renascimento. Ísis, uma deusa da magia e da maternidade, revive seu esposo Osíris, um deus que representa o sacrifício e a regeneração. Esse mito poderoso inspira muitos wiccanos a enxergar a vida como uma série de ciclos interligados, onde o amor e a perseverança transcendem a morte. O mito de Ísis e Osíris ensina o poder da cura e da transformação, reforçando a ideia de que o amor e a dedicação têm o poder de restaurar e renovar.

Entre os mitos nórdicos, encontramos deuses como **Freya**, a deusa do amor, da guerra e da fertilidade. Freya é uma figura complexa, que representa tanto a paixão quanto a força em batalha, e é frequentemente associada à magia do seidr, um tipo de magia nórdica. Ela ensina o wiccano a encontrar equilíbrio entre o amor e a força, lembrando que a energia feminina é tanto nutridora quanto guerreira. Trabalhar com a energia de Freya pode ajudar o praticante a fortalecer sua autoestima e a buscar relações autênticas e poderosas.

Os mitos e deidades na Wicca oferecem não apenas lições espirituais, mas também **caminhos para a prática mágica**. Cada divindade e mito contém atributos específicos que podem ser invocados em feitiços e rituais. Ao chamar por Hécate, por exemplo, o praticante pode pedir proteção em momentos de incerteza; ao trabalhar com Brigid, ele pode buscar inspiração criativa. Esse vínculo com os deuses e suas histórias é uma maneira de atrair a energia necessária para suas intenções, permitindo que os mitos antigos atuem como guias espirituais e aliados mágicos.

A mitologia também ensina o **respeito pelos ciclos naturais** e pelos elementos que compõem a vida. O praticante wiccano entende que cada mito reflete um aspecto do equilíbrio universal, onde o nascimento, a morte e o renascimento são partes do mesmo ciclo. Esse conhecimento mitológico o ajuda a aceitar as mudanças com sabedoria e a perceber que cada fase de sua vida tem um propósito. Os mitos tornam-se uma bússola espiritual que orienta o wiccano em seu desenvolvimento, lembrando-o de que ele é parte de uma teia maior e de uma dança eterna entre forças complementares.

Essas histórias míticas são integradas nas celebrações e nos rituais da Wicca, onde o praticante se conecta com o divino de maneira tangível e emocional. Durante os Sabbats, ele revive os ciclos da Deusa e do Deus, compreendendo o significado por trás das estações e dos processos de vida e morte. Esse contato com a mitologia fortalece seu vínculo com o divino, permitindo que ele veja a si mesmo como um participante ativo dos mistérios da vida.

A prática de **meditação com figuras míticas** é outra maneira de trazer a mitologia para a vida diária do wiccano. Em uma meditação guiada, ele pode visualizar-se diante de uma deidade ou de um personagem mítico, conversando com ele ou recebendo orientações. Esse exercício permite que o praticante aprofunde seu entendimento dos mitos e incorpore as lições de cada deidade em seu próprio crescimento espiritual. O diálogo imaginativo com figuras como o Deus Cornífero, a Deusa Tríplice ou Ísis traz à tona insights valiosos e uma sensação de proximidade com as forças que moldam o universo.

Para o praticante wiccano, a mitologia é uma fonte de **inspiração e de autoconhecimento**. Os mitos antigos revelam verdades sobre o comportamento humano, sobre as forças da natureza e sobre a interação entre o homem e o divino. Ao estudar e honrar essas histórias, ele não apenas preserva uma tradição ancestral, mas também encontra respostas para suas próprias questões e desafios. A mitologia torna-se um espelho que reflete o interior do praticante, ajudando-o a integrar aspectos da sua personalidade e a descobrir seu próprio poder e propósito.

Na Wicca, a mitologia é viva e sagrada, um tesouro de sabedoria que transcende o tempo e o espaço. Cada história e cada deidade trazem consigo um ensinamento que desperta a consciência do praticante e lhe lembra de que ele é parte de algo muito maior, um ciclo eterno onde o humano e o divino se encontram em perfeita harmonia.

Capítulo 24
Deidades Específicas

Na prática wiccana, as deidades não são apenas conceitos abstratos; são energias vivas que interagem com o praticante, manifestando-se de formas específicas para orientar, proteger e enriquecer o caminho espiritual. Cada deidade representa uma faceta do universo, e ao trabalhar com uma deidade específica, o praticante sintoniza-se com suas qualidades, forças e sabedoria. Esses deuses e deusas atuam como guias e como símbolos dos ciclos da vida, dos elementos da natureza e das complexidades da experiência humana. Ao cultivar uma relação próxima com eles, o wiccano não só fortalece sua prática, mas também descobre aspectos profundos de si mesmo.

Na Wicca, a conexão com as deidades específicas é geralmente baseada na tradição pessoal ou na afinidade que o praticante sente por determinada divindade. Cada deidade possui atributos e áreas de influência, o que ajuda o praticante a escolher e a trabalhar com o deus ou a deusa mais adequado para cada situação ou intenção. **Hécate**, por exemplo, é uma deusa grega das encruzilhadas, da magia e da proteção, sendo reverenciada como uma guia para aqueles que enfrentam momentos de transição. Trabalhar com Hécate envolve meditação e práticas que exploram o subconsciente, ajudando o praticante a encarar seus medos e a encontrar clareza nas decisões difíceis.

Brigid, da mitologia celta, é outra deidade amplamente honrada na Wicca. Ela é a deusa do fogo, da inspiração, da poesia e da cura, uma figura que personifica o espírito criativo e o poder transformador. Brigid é invocada em rituais que buscam inspiração e em práticas de cura, onde o fogo que ela representa purifica e renova. A energia dela é especialmente reverenciada em **Imbolc**, o Sabbat que celebra a chegada da primavera e o renascimento da terra. Ao invocar Brigid, o praticante busca despertar seu próprio potencial criativo e curativo, conectando-se com o fogo interno que impulsiona a transformação pessoal.

Outro deus significativo na Wicca é **Cernunnos**, o Deus Cornífero, uma divindade da fertilidade, da natureza e dos animais. Cernunnos é frequentemente associado à força vital que permeia a Terra, representando o ciclo eterno de morte e renascimento. Ele é reverenciado em rituais de conexão com a natureza, especialmente durante Beltane e Samhain, quando o ciclo de vida e morte é celebrado. Ao trabalhar com Cernunnos, o praticante honra sua própria natureza instintiva e selvagem, aprendendo a respeitar o poder da vida e a sua relação com o ambiente natural. Invocar Cernunnos é conectar-se com a força vital que anima todas as coisas e aprender a viver em harmonia com os ritmos naturais.

Ísis, da mitologia egípcia, é uma deusa que personifica a magia, a maternidade e o poder do amor. Ísis é conhecida por sua dedicação e por sua habilidade de curar e transformar. Ela é uma deusa poderosa para rituais de cura emocional e para fortalecer laços familiares e amorosos. Sua história com Osíris e Hórus simboliza a resiliência, o amor incondicional e a capacidade de restaurar aquilo que foi perdido. Ao invocar Ísis, o praticante busca forças para superar perdas e desafios, reconhecendo que o amor e a dedicação têm o poder de restaurar e renovar. Trabalhar com Ísis é um processo de acolhimento e de autotransformação, onde o praticante se permite receber e oferecer cura.

Entre os deuses nórdicos, **Freya** ocupa um papel especial como deusa do amor, da guerra, da magia e da fertilidade. Freya é uma figura multifacetada, que ensina o praticante sobre a dualidade do amor e da coragem, mostrando que a força também reside no coração. Como deusa do seidr, uma prática mágica nórdica, Freya representa o poder de prever e de moldar o destino. Ao trabalhar com ela, o praticante pode buscar orientação para a intuição, para o amor-próprio e para a coragem. Freya é invocada em rituais que envolvem relações autênticas e no fortalecimento de habilidades intuitivas, especialmente quando o praticante precisa de força emocional para enfrentar desafios.

Hórus, na tradição egípcia, é o deus falcão, associado ao céu e à realeza, e representa a proteção e a justiça. Ele é visto como o defensor de seu povo e um símbolo de vitória sobre o mal, sendo ideal para rituais de proteção e de fortalecimento da justiça. A presença de Hórus traz uma energia de coragem e de vigilância, inspirando o praticante a lutar por seus ideais com integridade. Ao invocar Hórus, o wiccano pede forças para enfrentar adversidades, usando sua sabedoria e sua justiça para resolver conflitos internos e externos.

Na prática wiccana, as deidades específicas também são honradas por meio de **altares e oferendas**, onde o praticante estabelece um espaço sagrado de conexão. O altar é decorado com símbolos e cores associados à deidade, como objetos de prata e de luz para Hécate ou elementos de fogo e calor para Brigid. As oferendas podem incluir flores, frutas, ervas ou incensos que ressoem com a energia da deidade. Essa prática de criar um altar dedicado é uma forma de estabelecer uma ligação pessoal e respeitosa com a divindade, permitindo que o praticante sinta sua presença e receba inspiração.

As **orações e cânticos** também são formas importantes de honrar as deidades. Cada deidade possui aspectos únicos e, ao recitar orações específicas, o praticante se sintoniza com esses aspectos, abrindo-se para receber orientação ou bênçãos. Essas orações podem ser recitadas em voz alta ou mentalmente, dependendo da preferência e do ambiente do praticante. O ato de invocar uma deidade por meio de uma oração ou de um cântico é um ato de entrega e de confiança, onde o wiccano se permite receber o apoio e o amor da divindade.

O **cultivo de uma relação contínua com as deidades** é uma prática espiritual profunda. Ao longo do tempo, o praticante pode estabelecer um laço de confiança e de respeito com uma ou mais deidades, desenvolvendo uma comunicação intuitiva e aprendendo a reconhecer seus sinais e respostas. Esse relacionamento é nutrido por práticas regulares, como meditação, oferendas e rituais dedicados. Ao se abrir para uma deidade específica, o wiccano desenvolve uma compreensão mais profunda dos mistérios que ela representa e descobre novas formas de integrar esses ensinamentos em sua própria vida.

Cada deidade específica traz ao praticante wiccano uma **sabedoria única e poderosa**, que o ajuda a navegar pelos desafios e pelas bênçãos da vida. Trabalhar com deuses e deusas é um ato de humildade e de reverência, onde o praticante reconhece que, ao se conectar com o divino, ele se alinha com forças que transcendem seu próprio entendimento. Esse relacionamento o torna mais consciente de seu papel no universo e mais atento às lições que cada deidade oferece.

A prática wiccana, ao honrar as deidades, reafirma o poder e o mistério da espiritualidade. Cada deidade é um espelho das energias que governam o mundo e uma expressão das qualidades que o praticante aspira a cultivar. Seja na força de Cernunnos, na sabedoria de Hécate ou no amor de Ísis, o wiccano encontra uma fonte contínua de inspiração e de poder, que o ajuda a trilhar o caminho da magia com confiança e com coração aberto. Trabalhar com deidades específicas é, acima de tudo, uma jornada de autodescoberta e de crescimento, onde o divino e o humano se encontram em perfeita harmonia.

Capítulo 25
Roda Anual

Na Wicca, a Roda do Ano representa o ciclo contínuo de nascimento, crescimento, declínio e renascimento, refletindo as estações e as fases da natureza que moldam a vida no planeta. A Roda do Ano não é apenas uma série de festivais, mas um sistema simbólico que revela os padrões universais de transformação e de harmonia entre a Terra e o cosmos. Cada celebração na Roda do Ano marca uma mudança na energia da Terra e oferece ao praticante uma oportunidade de refletir, celebrar e alinhar-se com o fluxo natural das forças que o rodeiam. Ao seguir a Roda do Ano, o wiccano vive em sintonia com os ciclos de luz e escuridão, calor e frio, atividade e repouso.

A Roda do Ano é composta de oito celebrações chamadas de **Sabbats**, divididas entre os Sabbats maiores e menores. Os Sabbats maiores incluem Samhain, Imbolc, Beltane e Lughnasadh, enquanto os Sabbats menores são os solstícios e equinócios: Yule, Ostara, Litha e Mabon. Cada Sabbat marca um ponto de transição na jornada da Terra ao redor do Sol, e cada um possui uma energia e um simbolismo próprios, refletindo diferentes estágios do ciclo da vida, do crescimento e da transformação.

O ciclo anual começa tradicionalmente com **Samhain**, celebrado em 31 de outubro. Samhain é o festival que marca o fim do ano agrícola e o início do inverno, simbolizando o momento de introspecção e de conexão com os ancestrais. Durante Samhain, o véu entre o mundo dos vivos e o mundo dos espíritos é mais tênue, permitindo uma maior proximidade com aqueles que já partiram. Este Sabbat é um momento de reverência pelos ciclos de morte e renascimento, e os praticantes fazem oferendas aos antepassados e honram a memória dos entes queridos. Samhain ensina o wiccano a aceitar o fim de um ciclo e a refletir sobre a renovação que virá.

Após Samhain, a Roda do Ano avança para **Yule**, o Solstício de Inverno, celebrado em 21 de dezembro. Yule representa o renascimento da luz e do Deus Sol, marcando o dia mais curto do ano e o início do aumento gradual da luz. Este é um festival de esperança e de renascimento, onde o wiccano celebra a promessa de que, apesar da escuridão, a luz sempre retorna. Muitas tradições decoram árvores e acendem velas, simbolizando a chama da vida que persiste mesmo nos momentos mais sombrios. Yule ensina ao praticante sobre a resiliência e a renovação, lembrando-o de que cada período de escuridão é seguido pelo despertar da luz.

Com a chegada de **Imbolc**, celebrado em 1º de fevereiro, o praticante começa a sentir o primeiro sinal de renovação na Terra. Imbolc é o festival da Deusa Brigid, deusa da cura, do fogo e da inspiração, que traz consigo a promessa da primavera. Durante Imbolc, o wiccano celebra a purificação e o preparo para o crescimento, honrando o renascimento da vida que lentamente começa a surgir. É um tempo de limpeza e de novos começos, onde o praticante pode definir suas intenções e seus objetivos para o ano. A luz aumenta e traz consigo a esperança de crescimento, e Imbolc é uma oportunidade para o wiccano refletir sobre seus próprios potenciais e planos.

Ostara, celebrado no Equinócio da Primavera, em 21 de março, marca o momento em que o dia e a noite estão em equilíbrio perfeito. Este Sabbat celebra a fertilidade, o crescimento e a renovação, sendo um festival de celebração da juventude e da energia vital. Ostara está associado ao renascimento da natureza, e o praticante celebra plantando sementes — tanto físicas quanto espirituais — que florescerão ao longo do ano. Os símbolos de Ostara incluem ovos e flores, que representam o potencial de vida e de abundância. Este é um momento de entusiasmo e de renovação, onde o wiccano se conecta com o poder de criação e de prosperidade.

Com a chegada de **Beltane**, em 1º de maio, a Roda do Ano atinge o ápice da fertilidade e do desejo de união. Beltane é um festival de celebração da união entre o Deus e a Deusa, representando a fecundidade da Terra e o vigor da juventude. Neste Sabbat, são acesas fogueiras e os praticantes celebram a vitalidade e o prazer. Beltane é um momento de abraçar o amor, a criatividade e a energia de crescimento que permeia o mundo. Esse festival lembra o praticante de que a vida é para ser celebrada em sua plenitude e que o poder de criação é tanto espiritual quanto físico.

Litha, ou Solstício de Verão, ocorre em 21 de junho, marcando o dia mais longo do ano e o auge da luz. Litha é uma celebração da força do Sol e do poder da natureza em seu ápice. Durante este Sabbat, o wiccano agradece pela abundância e pelo calor que a estação traz. Litha é um momento de proteção e de bênçãos, onde o praticante reafirma sua conexão com o fogo e com a energia da criação. O Sol, em seu ponto mais alto, simboliza o poder máximo da vida, e o wiccano aproveita essa energia para fortalecer seus objetivos e para se encher de vigor.

Lughnasadh, celebrado em 1º de agosto, é o festival da primeira colheita, um momento de agradecimento pelos frutos que a Terra produziu. Lughnasadh é dedicado ao deus Lugh, uma deidade solar e de habilidade, e simboliza o sacrifício do Deus, que oferece sua energia para sustentar a vida. Neste Sabbat, o wiccano reflete sobre os objetivos e os projetos que começaram a dar frutos, agradecendo pela abundância e pelas lições aprendidas. É um tempo de partilha e de generosidade, onde o praticante reconhece o valor do trabalho e o ciclo de oferta e gratidão.

Com a aproximação do Equinócio de Outono, em **Mabon**, celebrado em 21 de setembro, o dia e a noite voltam a estar em equilíbrio. Mabon é o festival da segunda colheita, onde o wiccano dá graças pela abundância e reflete sobre o equilíbrio e a harmonia em sua vida. Este é um tempo de introspecção e de avaliação, onde o praticante considera os aprendizados do ano e prepara-se para a transição que o inverno trará. Mabon ensina a importância do equilíbrio e do desapego, e é um momento de agradecer e de celebrar a vida antes da chegada da escuridão de Samhain.

Cada Sabbat na Roda do Ano oferece uma lição específica que ajuda o praticante a alinhar-se com os ciclos naturais e com as energias da Terra. Esses festivais não são meros eventos, mas marcos de transformação, onde o wiccano é convidado a viver cada fase da vida com presença e com reverência. Ao celebrar a Roda do Ano, o praticante experimenta o ritmo da natureza e reflete sobre sua própria jornada, reconhecendo que ele também faz parte do ciclo eterno de nascimento, crescimento, morte e renascimento.

Os rituais da Roda do Ano são momentos de **conexão e de celebração comunitária** para muitos wiccanos. É comum que os praticantes se reúnam em círculos para celebrar cada Sabbat, acendendo fogueiras, cantando, dançando e compartilhando alimentos em honra aos deuses e à natureza. Essas celebrações são oportunidades para fortalecer o vínculo com outros praticantes e para renovar o compromisso com o caminho espiritual.

A Roda do Ano, em última análise, ensina ao wiccano que a vida é um ciclo e que, ao aceitar e honrar cada fase, ele encontra paz e sabedoria. Os Sabbats ajudam o praticante a entender que cada momento de escuridão é seguido pela luz, e que cada colheita é um presente da Terra e dos deuses. Celebrar a Roda do Ano é uma prática de gratidão e de humildade, uma lembrança constante de que a vida é uma dança entre o sagrado e o mundano, onde o humano e o divino se encontram em perfeita harmonia.

Capítulo 26
Sabbats Maiores

Na Wicca, os Sabbats Maiores ocupam uma posição especial, pois representam momentos de transição profunda e celebração das forças de fertilidade e transformação da natureza. Cada um desses Sabbats — Samhain, Imbolc, Beltane e Lughnasadh — marca um ponto crucial na jornada do ciclo anual e possui uma energia única que reflete a relação entre o Deus e a Deusa e os ciclos de vida, morte e renascimento. Ao celebrar os Sabbats Maiores, o praticante wiccano honra a essência da mudança e se alinha com o fluxo natural das estações, reconhecendo que sua própria vida é um reflexo dos processos sagrados que ocorrem no universo.

Samhain, celebrado em 31 de outubro, é o primeiro dos Sabbats Maiores e talvez o mais profundo em seu significado. Conhecido como o festival dos mortos, Samhain é o momento em que o véu entre o mundo dos vivos e o dos espíritos está mais fino, permitindo uma conexão mais direta com os ancestrais. Esse Sabbat simboliza o fim do ciclo agrícola e o início do inverno, representando tanto o encerramento quanto o renascimento. Para o wiccano, Samhain é um tempo de introspecção e de memória, onde ele reflete sobre os ciclos de morte e renascimento que moldam sua própria existência.

Durante Samhain, o praticante costuma preparar um altar com fotos, objetos e oferendas dedicados aos ancestrais, criando um espaço de homenagem e de reverência. Velas são acesas em honra aos que já partiram, e muitos praticantes realizam rituais de comunicação espiritual, onde se conectam com as lições e a sabedoria dos ancestrais. É comum que alimentos como maçãs, nozes e pão de centeio sejam oferecidos, representando a generosidade da Terra e o ciclo de colheita e descanso. Para muitos wiccanos, Samhain é visto como o verdadeiro "Ano Novo" espiritual, onde se encerra um ciclo e se planta a intenção para o ciclo que está por vir.

Imbolc, celebrado em 1º de fevereiro, marca a primeira promessa de luz e renascimento após o período de inverno. Este Sabbat é associado à deusa Brigid, uma divindade da cura, do fogo e da inspiração, e simboliza a purificação e o preparo para a chegada da primavera. Durante Imbolc, o praticante celebra a purificação e a renovação, limpando energeticamente seu espaço e estabelecendo novas intenções para o ano. É um momento de abrir-se para o crescimento e de deixar para trás tudo o que não serve mais.

Os rituais de Imbolc frequentemente envolvem o uso de velas e fogo, que representam a luz crescente e o calor que retorna à Terra. Muitos praticantes acendem velas em toda a casa ou ao redor do altar, pedindo à deusa Brigid que traga inspiração, cura e clareza para seus objetivos. O uso de ervas como lavanda e alecrim é comum para defumação e limpeza, e figuras ou cruzes de Brigid são tecidas com palha ou junco, simbolizando proteção e bênçãos para o lar. Imbolc é um momento de esperança e de preparação, onde o wiccano reafirma seu compromisso com o caminho espiritual e com os objetivos que deseja cultivar ao longo do ano.

Beltane, celebrado em 1º de maio, é o Sabbat da fertilidade, do amor e da união entre o Deus e a Deusa. Este festival representa a energia vital e criativa da primavera em sua plenitude, simbolizando a união sagrada que dá origem a toda a vida. Beltane é uma celebração da vida em sua expressão mais exuberante, onde os praticantes comemoram a força do amor e a capacidade de criação que ele inspira. Tradicionalmente, fogueiras são acesas em honra a esse poder transformador, e os participantes pulam sobre o fogo como um gesto de purificação e de bênção.

Durante Beltane, a prática de dançar ao redor do mastro (ou "Maypole") é uma tradição antiga, onde o mastro simboliza a união entre o divino masculino e feminino, e as fitas que são entrelaçadas representam a integração e a criação de novas possibilidades. Esse é um momento de celebração alegre e de liberdade, onde o wiccano se permite conectar com seu próprio poder criativo e com as energias de fertilidade da Terra. Beltane é também uma época para abençoar relacionamentos e para atrair amor, sendo comuns rituais que envolvem flores, mel e símbolos de união. Os praticantes usam coroas de flores e decoram o altar com cores vibrantes e flores frescas, expressando gratidão e celebrando a vida em seu aspecto mais exuberante.

Lughnasadh, ou Lammas, é celebrado em 1º de agosto e marca a primeira colheita do ano, um momento de agradecimento pelos primeiros frutos da estação. Este Sabbat é associado ao deus Lugh, uma deidade solar e de habilidades diversas, e representa o sacrifício necessário para que a vida continue. Durante Lughnasadh, o wiccano reflete sobre o ciclo de dar e receber, reconhecendo que tudo o que é colhido é resultado de um processo de sacrifício e de esforço. É um momento de gratidão pela abundância da Terra e de celebração das conquistas pessoais e comunitárias.

Os rituais de Lughnasadh frequentemente incluem a preparação de pães e bolos feitos a partir dos primeiros grãos da colheita, simbolizando o sustento e a generosidade da Terra. O pão é abençoado e compartilhado, e os praticantes realizam oferendas de alimentos, flores e grãos em honra ao sacrifício do Deus e à abundância que ele proporciona. Neste Sabbat, o wiccano pode refletir sobre os objetivos que alcançou até aquele ponto do ano, celebrando o que foi conquistado e preparando-se para o trabalho que ainda virá. Lughnasadh é uma celebração de gratidão e de consciência dos ciclos de plantio e colheita que ocorrem tanto na natureza quanto na vida pessoal.

Cada um dos Sabbats Maiores carrega uma energia única que ensina ao praticante lições valiosas sobre o ciclo de transformação e de crescimento espiritual. Esses festivais representam aspectos diferentes do ciclo de vida do Deus e da Deusa, refletindo o equilíbrio e a harmonia entre forças complementares. Ao participar das celebrações dos Sabbats Maiores, o wiccano vive em harmonia com a Terra, lembrando-se de que ele é parte de um ciclo eterno que transcende o tempo.

Além dos rituais e celebrações tradicionais, cada Sabbat Maior também pode incluir práticas pessoais de **meditação e reflexão**. O praticante pode reservar um momento para introspecção, questionando-se sobre o que precisa deixar ir em Samhain, o que deseja cultivar em Imbolc, o que celebra em Beltane e o que agradece em Lughnasadh. Esses momentos de autoconhecimento fortalecem a prática espiritual e ajudam o wiccano a perceber que sua vida é uma jornada contínua de crescimento e aprendizado.

Os Sabbats Maiores também proporcionam oportunidades de **conexão comunitária**, onde os wiccanos se reúnem em círculos para compartilhar, celebrar e apoiar uns aos outros. Essas reuniões permitem que o praticante fortaleça os laços com outros praticantes e sinta-se parte de uma comunidade que honra a Terra e as forças divinas. Juntos, eles compartilham cânticos, danças e oferendas, criando uma energia coletiva que intensifica as celebrações e fortalece o compromisso com o caminho espiritual.

Ao celebrar os Sabbats Maiores, o wiccano reconhece que sua vida é uma expressão do mesmo ciclo que movimenta as estações e transforma a Terra. Cada Sabbat o ensina a honrar as transições e a encontrar beleza e propósito em cada fase da vida. A prática dos Sabbats Maiores é, assim, uma homenagem à dança sagrada do universo e ao poder do divino que permeia todas as coisas. Ao viver em sintonia com esses festivais, o praticante wiccano não só se conecta com as energias da Terra, mas também aprende a fluir com elas, cultivando uma vida de equilíbrio, reverência e gratidão.

Capítulo 27
Sabbats Menores

Os Sabbats Menores na Wicca marcam as mudanças sazonais mais evidentes e representam pontos cruciais do ciclo anual: os solstícios e os equinócios. Esses quatro Sabbats — Yule, Ostara, Litha e Mabon — são momentos em que o equilíbrio da luz e da escuridão atinge seu ápice, simbolizando o contínuo movimento da Terra em relação ao Sol. Cada Sabbat Menor reflete uma fase da jornada anual do Deus Sol, desde seu renascimento até seu auge, declínio e, finalmente, descanso. Ao celebrar os Sabbats Menores, o praticante wiccano alinha-se com o fluxo das estações, reconhecendo que seu próprio ciclo de vida, crescimento e renovação é um reflexo da dança da Terra ao redor do Sol.

Yule, celebrado em 21 de dezembro, é o Solstício de Inverno, marcando o dia mais curto e a noite mais longa do ano. Este Sabbat simboliza o renascimento do Deus Sol, que, após o longo período de escuridão, começa a ascender novamente, trazendo consigo a promessa de luz e calor. Yule é um festival de esperança e renovação, onde o wiccano celebra o retorno da luz e se prepara para um novo ciclo de crescimento. Tradicionalmente, o praticante decora sua casa e seu altar com plantas como o azevinho, o pinheiro e a hera, símbolos de eternidade e resistência. Velas são acesas para representar a luz que retorna, e rituais de renovação e agradecimento são realizados.

Durante Yule, muitos wiccanos fazem o ritual do **Yule Log**, onde uma tora de madeira é decorada com fitas, ervas e símbolos sagrados e depois queimada ou mantida no altar para atrair bênçãos para o próximo ano. Esse ritual representa o sacrifício do velho ano e o nascimento do novo, uma forma de celebrar a continuidade da vida mesmo durante os períodos de escuridão. Para o wiccano, Yule ensina sobre resiliência e paciência, lembrando-o de que a escuridão sempre traz em si a promessa de luz.

Ostara, o Equinócio da Primavera, ocorre em 21 de março, quando o dia e a noite estão em perfeito equilíbrio. Esse Sabbat simboliza o despertar da Terra e o retorno da fertilidade, marcando o início da estação de crescimento e de renovação. Ostara celebra o equilíbrio entre as energias masculina e feminina, e o praticante sente-se convidado a plantar as sementes que deseja ver florescer ao longo do ano. Esse é o momento de abraçar novos começos e de se abrir para a abundância da primavera.

Durante Ostara, o wiccano adorna seu altar com flores, ovos coloridos e sementes, símbolos da nova vida e do potencial de crescimento. O ritual de Ostara pode envolver a **plantação de sementes** como uma forma de representar intenções e metas para o ano que se inicia. Ovos pintados também são comuns, representando o potencial de vida e de criação. Ao celebrar Ostara, o praticante se sintoniza com a energia de renovação e se compromete a nutrir seus sonhos e objetivos, reconhecendo que cada novo começo é uma oportunidade de crescimento espiritual e pessoal.

Litha, o Solstício de Verão, ocorre em 21 de junho, quando o Sol atinge seu ponto mais alto e o dia é o mais longo do ano. Litha é o ápice da luz e da força do Deus Sol, um momento de abundância e de celebração do poder e da fertilidade da Terra. Neste Sabbat, o wiccano agradece pela abundância que a luz proporciona e reforça sua conexão com o elemento Fogo, que simboliza a vitalidade, a paixão e a força de realização. Litha é um tempo de celebração e de alegria, onde a vida é comemorada em toda a sua intensidade.

Para celebrar Litha, fogueiras são acesas ao ar livre, e danças e cantos são realizados em honra ao Sol e ao fogo criativo da natureza. O praticante também pode realizar rituais de **bênçãos para proteção e prosperidade**, utilizando ervas como a erva-de-são-joão, o alecrim e a lavanda, que são consagradas ao Sol. Litha é um momento de maximizar as intenções, aproveitando o pico de energia para fortalecer metas e objetivos. Ao celebrar o Sol em seu auge, o wiccano se lembra da importância de valorizar cada momento de plenitude e de aproveitar as oportunidades com coragem e gratidão.

Mabon, o Equinócio de Outono, celebrado em 21 de setembro, marca novamente o equilíbrio entre o dia e a noite, mas agora com a inclinação em direção à escuridão. Mabon é um tempo de colheita e de agradecimento, onde o praticante reflete sobre os frutos colhidos durante o ano e se prepara para o período de descanso e de introspecção que o inverno trará. Este Sabbat é um momento de gratidão pela abundância e pelas lições aprendidas, um convite para o praticante contemplar o que conquistou e para soltar o que já cumpriu seu propósito.

Durante Mabon, o wiccano decora seu altar com frutas, grãos, folhas e outros elementos da colheita, em uma demonstração de gratidão pela generosidade da Terra. É comum que rituais de agradecimento sejam realizados, onde o praticante reflete sobre o que conseguiu alcançar e agradece por todas as bênçãos recebidas. Mabon ensina a importância do equilíbrio, da harmonia e do desapego, lembrando o wiccano de que cada ciclo chega ao fim e que é necessário reconhecer o valor tanto da luz quanto da escuridão.

Esses Sabbats Menores, apesar de simples em suas celebrações, trazem lições profundas sobre os ciclos da natureza e sobre o papel do praticante dentro desse ritmo universal. Cada festival é uma oportunidade para o wiccano aprofundar sua conexão com as forças da Terra e para lembrar-se de que ele é parte de um ciclo maior que abrange nascimento, crescimento, colheita e descanso. A prática dos Sabbats Menores ensina o praticante a viver de acordo com as estações, a compreender o valor da luz e da escuridão e a reconhecer o poder da mudança.

Em cada Sabbat Menor, o praticante é convidado a realizar **rituais de meditação e de conexão** com as energias específicas daquela época do ano. Durante Yule, ele pode refletir sobre os aspectos que precisam de renovação em sua vida; em Ostara, ele considera as novas sementes que deseja plantar; em Litha, ele celebra as realizações e a energia de crescimento; e em Mabon, ele revisa suas colheitas e pratica o desapego. Esses momentos de introspecção e de alinhamento fortalecem sua prática espiritual e o ajudam a viver em harmonia com a Terra.

Os Sabbats Menores são também uma **celebração comunitária** para muitos wiccanos, que se reúnem em círculos para celebrar a Terra e o Sol e para partilhar cânticos, danças e oferendas. Cada reunião comunitária durante esses Sabbats fortalece o vínculo entre os praticantes e reforça o compromisso coletivo com a preservação e com a reverência pela natureza. Esses encontros são momentos de alegria e de renovação, onde os praticantes sentem-se apoiados e inspirados pela presença dos outros em um ambiente sagrado.

Ao celebrar os Sabbats Menores, o wiccano honra a Roda do Ano e sua própria jornada de crescimento e de transformação. Esses festivais são lembranças constantes de que cada estação e cada fase têm sua própria beleza e importância, e que a vida é um fluxo de experiências que se completam e se renovam eternamente. A prática dos Sabbats Menores ensina ao praticante a reverenciar a vida em todas as suas manifestações e a valorizar cada momento como parte de um ciclo sagrado e contínuo.

Para o wiccano, a celebração dos Sabbats Menores é uma oportunidade de viver em sintonia com a natureza e de compreender que, assim como a Terra, ele também passa por fases de luz e sombra, de crescimento e de repouso. Ao celebrar a Roda do Ano, o praticante encontra equilíbrio e propósito, reconhecendo que é uma parte essencial do grande ciclo que move o universo.

Capítulo 28
Esbats Lunares

Os Esbats Lunares são celebrações mensais na Wicca que honram as fases da Lua e suas energias específicas, oferecendo ao praticante a oportunidade de trabalhar com as transformações e influências que a Lua exerce sobre a Terra e sobre seu próprio campo energético. Diferente dos Sabbats, que seguem o ciclo solar e as estações, os Esbats acompanham o ciclo lunar, permitindo uma conexão mais íntima e constante com a Deusa e com o poder cíclico da Lua. Esses rituais de Esbat geralmente são realizados na Lua Cheia, mas cada fase lunar — Nova, Crescente, Cheia e Minguante — possui sua própria importância e propósito, sendo momentos propícios para diferentes tipos de magia e introspecção.

A **Lua Nova** é o momento do ciclo lunar em que a Lua não é visível no céu, representando a fase de escuridão e de potencial. Essa é uma época de introspecção e de renovação, onde o praticante é convidado a refletir sobre novos começos e a plantar as sementes de seus desejos e intenções. Durante o Esbat de Lua Nova, o wiccano pode realizar rituais de limpeza e purificação, removendo tudo o que já não serve mais para dar espaço ao novo. Esse é um momento ideal para definir metas, escrever intenções e criar planos para o ciclo que está por vir, aproveitando a energia da Lua Nova para fortalecer seus objetivos.

O ritual de Lua Nova pode incluir práticas de escrita, onde o praticante anota seus desejos e intenções em um pedaço de papel, que é colocado em seu altar ou guardado em um lugar especial até o próximo ciclo. Esse ato de escrever e guardar as intenções é uma maneira de registrar o compromisso com as mudanças que deseja manifestar. Além disso, o praticante pode realizar meditações profundas para se conectar com seu eu interior e visualizar suas metas como sementes plantadas no solo fértil de sua própria consciência.

À medida que a Lua passa para sua fase **Crescente**, ela começa a iluminar o céu gradualmente, representando o crescimento e o desenvolvimento. Essa é uma época de nutrir as intenções plantadas na Lua Nova, de tomar medidas concretas para atingir as metas estabelecidas e de cultivar hábitos positivos que ajudarão no crescimento pessoal e espiritual. Durante o Esbat da Lua Crescente, o praticante realiza feitiços de atração, prosperidade e progresso, utilizando a energia de expansão e de motivação que essa fase oferece.

Nos rituais de Lua Crescente, o praticante pode utilizar cristais e ervas que correspondem a energias de crescimento, como o quartzo verde e o alecrim, e visualiza seus objetivos ganhando forma e se aproximando de sua realização. Esse é o momento de fortalecer o compromisso com as metas e de revisar o que precisa ser ajustado para alcançar o sucesso. A prática de visualização é uma ferramenta poderosa durante a Lua Crescente, ajudando o praticante a manter-se focado e a cultivar a perseverança necessária para transformar seus desejos em realidade.

A **Lua Cheia** é o ponto culminante do ciclo lunar e é frequentemente considerada a fase mais poderosa para a prática mágica. Quando a Lua está cheia, sua luz ilumina completamente o céu, simbolizando a plenitude, a realização e a manifestação das intenções. Este é o momento em que o praticante celebra as conquistas, agradece pelas bênçãos e aproveita a energia amplificada da Lua para rituais de cura, proteção, amor e conexão espiritual. Durante o Esbat da Lua Cheia, o wiccano invoca a Deusa em sua face plena, reverenciando sua força e sua luz.

Nos rituais de Lua Cheia, é comum que o praticante utilize cristais como o quartzo claro e a selenita, que potencializam a energia e purificam o ambiente. A Lua Cheia é ideal para consagrar amuletos, recarregar cristais e realizar práticas de adivinhação, aproveitando a clareza e a sensibilidade aumentadas dessa fase. Esse é também o momento de meditar em comunhão com a Deusa e de expressar gratidão por tudo o que foi alcançado. A energia da Lua Cheia lembra o praticante da importância de celebrar as pequenas vitórias e de reconhecer o valor de cada conquista em seu caminho espiritual.

Após o auge da Lua Cheia, a Lua entra em sua fase **Minguante**, onde começa a diminuir sua luz até retornar à escuridão da Lua Nova. A Lua Minguante é um período de liberação, de limpeza e de desapego, onde o praticante se desfaz de energias, hábitos e padrões que já não lhe servem. Durante o Esbat da Lua Minguante, o wiccano realiza feitiços de banimento, proteção e purificação, eliminando obstáculos e removendo influências indesejadas de sua vida.

Nos rituais de Lua Minguante, o praticante pode queimar ervas como sálvia ou alecrim para purificação e banimento, visualizando-se liberando tudo o que já não contribui para seu crescimento. Um ritual comum nessa fase é escrever em um pedaço de papel tudo aquilo que deseja deixar para trás — sentimentos, situações ou comportamentos — e queimá-lo, deixando a fumaça levar embora essas energias. A Lua Minguante ensina o praticante a importância de liberar e de criar espaço para o novo, preparando-se para o próximo ciclo de renascimento.

Além dos Esbats principais em cada fase da Lua, alguns wiccanos também celebram as **Luas Azuis**, que ocorrem quando há uma segunda Lua Cheia em um único mês ou uma terceira Lua Cheia em uma estação com quatro. A Lua Azul é vista como um evento raro e especial, carregando uma energia extremamente poderosa e propícia para rituais que envolvem mudanças significativas, transformações profundas e metas de longo prazo. Durante a Lua Azul, o praticante aproveita a oportunidade para realizar rituais de grande importância pessoal, estabelecendo intenções que terão um impacto duradouro em sua vida.

Os Esbats Lunares são celebrações de **comunhão íntima e de autoconhecimento**, onde o wiccano se conecta com as mudanças cíclicas de sua própria vida, refletidas nas fases da Lua. A prática dos Esbats permite que o praticante entre em sintonia com o ritmo natural da Lua e da natureza, aprendendo a respeitar e a utilizar essas energias em benefício de seu crescimento e desenvolvimento espiritual. Cada fase lunar traz um aprendizado e uma energia que o wiccano pode incorporar em sua vida, desde a introspecção e o planejamento na Lua Nova até o banimento e o desapego na Lua Minguante.

Para muitos praticantes, os Esbats são momentos de **celebração comunitária**, onde se encontram em círculos para realizar rituais sob a luz da Lua, compartilhando orações, cânticos e práticas de adivinhação. Esses encontros reforçam a conexão com outros praticantes e intensificam o poder dos rituais, criando um ambiente de apoio mútuo e de reverência ao sagrado. O brilho da Lua Cheia, em particular, inspira comunhão e alegria, e muitos wiccanos aproveitam essa fase para fortalecer o vínculo com sua comunidade espiritual.

Ao honrar os Esbats Lunares, o wiccano cultiva uma conexão profunda com a Deusa e com o poder transformador da Lua. Esses rituais são oportunidades de introspecção e de renovação, onde ele aprende a fluir com as mudanças e a reconhecer que sua própria vida é um reflexo do ciclo natural. A prática dos Esbats ensina que cada fase tem seu propósito e que, ao aceitar e trabalhar com essas fases, o praticante encontra equilíbrio e harmonia em seu caminho espiritual.

A celebração dos Esbats Lunares é uma prática que fortalece a magia, a intuição e o autoconhecimento, ajudando o wiccano a viver em sintonia com os ritmos naturais do universo. Cada Lua é um lembrete de que a vida é cíclica e que, assim como a Lua, o praticante também passa por momentos de escuridão e de luz, de crescimento e de liberação, encontrando um caminho de equilíbrio e de evolução contínua.

Capítulo 29
Magia Elemental

A magia elemental é uma prática essencial na Wicca, baseada na conexão e no trabalho com as forças primordiais da natureza: Terra, Ar, Fogo, Água e Espírito. Esses elementos são considerados os alicerces de toda a existência, forças universais que influenciam não apenas o mundo físico, mas também as emoções, os pensamentos e a energia espiritual do praticante. A magia elemental permite que o wiccano alinhe-se com esses elementos, aproveitando suas qualidades e suas energias para rituais, feitiços e autodescoberta. Ao trabalhar com os elementos, o praticante fortalece sua ligação com a natureza e aprende a integrar essas forças em sua vida cotidiana e em sua prática mágica.

O **elemento Terra** representa a estabilidade, a nutrição e a fertilidade. É o elemento que simboliza o corpo físico, as raízes e a conexão com o mundo material. A Terra é associada ao Norte e é representada por pedras, cristais, solo e plantas. Em rituais de magia elemental, o praticante recorre ao elemento Terra para atrair prosperidade, segurança e proteção. O trabalho com a Terra envolve práticas de enraizamento, onde ele visualiza raízes saindo de seus pés e se conectando ao solo, absorvendo a energia da Terra para obter estabilidade e força. Feitiços de Terra costumam incluir o uso de cristais como a esmeralda e a turmalina, ervas como o alecrim, e recipientes com terra ou sal como representações físicas do elemento.

No círculo mágico, o praticante pode invocar o elemento Terra ao posicionar objetos de natureza terrestre, como cristais, pedras ou até mesmo um pequeno vaso de plantas, no quadrante Norte do círculo. Essa invocação permite que a força do elemento Terra traga firmeza, equilíbrio e proteção ao espaço sagrado. A Terra ensina o praticante a ter paciência e perseverança, lembrando-o de que tudo o que é plantado e nutrido com cuidado crescerá e se fortalecerá com o tempo.

O **elemento Ar** simboliza o intelecto, a inspiração e a liberdade. Representado pelo Leste, o Ar é o elemento dos pensamentos, da comunicação e das novas ideias. No círculo mágico, o praticante invoca o elemento Ar no quadrante Leste, utilizando incensos, penas ou ervas aromáticas para representar sua presença e trazer clareza e insights. O Ar é associado ao movimento e à leveza, e trabalha em conjunto com o poder da mente e da criatividade. Ao realizar feitiços ou rituais que envolvem o elemento Ar, o praticante pode buscar inspiração, sabedoria ou resolução de problemas.

O Ar é invocado quando o praticante deseja expandir suas ideias ou encontrar soluções para dilemas complexos. Esse elemento também é utilizado em rituais de comunicação e de intuição, onde ele busca mensagens do plano espiritual ou orientação para o futuro. Trabalhar com o Ar requer concentração e uma mente aberta, e os feitiços relacionados a esse elemento costumam incluir o uso de incensos como lavanda e sândalo, além de penas e sinos para representar o som e a movimentação do vento.

O **elemento Fogo** representa a transformação, a coragem e a paixão. Localizado no Sul, o Fogo é o elemento da vontade e da ação, o impulso que move o praticante em direção aos seus objetivos. É uma força que destrói o velho para dar lugar ao novo, simbolizando tanto o poder destrutivo quanto o criativo. O Fogo é utilizado em rituais de coragem, de limpeza energética e de motivação, onde o praticante busca ativar e canalizar a energia necessária para realizar mudanças significativas. Em magia elemental, o Fogo é representado por velas, carvões e pederneiras, e sua invocação no círculo mágico fortalece a energia vital do espaço ritual.

Feitiços de Fogo podem envolver o uso de velas coloridas que representam a intenção do praticante, como velas vermelhas para amor ou verdes para prosperidade. Queimar um papel com palavras que simbolizam medos ou bloqueios é uma prática comum nos rituais de banimento com o elemento Fogo, permitindo que a energia negativa seja transformada em cinzas e liberada. Trabalhar com o Fogo ensina o praticante a desenvolver coragem e a abraçar a mudança, lembrando-o de que a transformação é uma parte necessária do crescimento.

O **elemento Água** está associado ao Oeste e representa as emoções, a intuição e a cura. A Água é o elemento da fluidez, da adaptabilidade e da purificação, sendo essencial em feitiços de cura e em práticas de autoconhecimento. No círculo mágico, o praticante invoca a Água no quadrante Oeste, utilizando tigelas de água, conchas ou recipientes com água salgada para simbolizar sua energia. Trabalhar com a Água envolve a capacidade de mergulhar nas emoções e de lidar com a intuição, permitindo que as emoções fluam livremente.

A Água é invocada para feitiços de amor, de proteção emocional e de purificação, onde o praticante busca harmonizar seu estado emocional e limpar seu campo energético. Rituais de banhos de ervas e de purificação com água salgada são práticas comuns que envolvem o elemento Água, ajudando o wiccano a eliminar energias negativas e a reequilibrar sua energia emocional. A Água ensina o praticante a aceitar e a fluir com as mudanças, lembrando-o de que, assim como um rio, a vida segue seu curso natural.

O **elemento Espírito**, também chamado de Éter ou Akasha, é o quinto elemento que conecta e unifica todos os outros. Representando o centro e o ponto de equilíbrio do círculo mágico, o Espírito é a essência divina, a força universal que permeia toda a criação. Embora não seja diretamente visível ou tangível, o Espírito é sentido como uma presença sagrada que une o praticante aos planos físico e espiritual. Trabalhar com o elemento Espírito é compreender que todos os outros elementos fazem parte de um todo maior e que a verdadeira magia reside na conexão harmoniosa entre eles.

A invocação do Espírito no círculo mágico é uma maneira de afirmar a união e o equilíbrio dos elementos, criando uma ponte entre o praticante e o divino. Espírito representa a unidade e a consciência universal, e seu trabalho se manifesta na integração e no alinhamento entre corpo, mente e alma. O Espírito é o guia sutil que inspira o praticante a seguir seu caminho espiritual, levando-o a um estado de unidade com o universo.

Ao realizar a magia elemental, o praticante não apenas invoca as energias dos elementos, mas também **trabalha para desenvolver as qualidades associadas a cada um deles** em sua própria vida. A Terra ensina sobre estabilidade e paciência, o Ar sobre a criatividade e o pensamento claro, o Fogo sobre a ação e a transformação, e a Água sobre a flexibilidade e o autocuidado emocional. Com o Espírito, o wiccano aprende a unificar todas essas qualidades, encontrando o equilíbrio e a paz interior que o levam a uma prática mágica mais profunda e eficaz.

Nos rituais de magia elemental, o wiccano pode criar um **círculo elemental**, onde cada elemento é representado e invocado em seu quadrante específico. Dentro desse círculo, ele encontra um espaço de proteção e de poder, onde os elementos trabalham em harmonia para fortalecer suas intenções e para purificar seu campo energético. Invocar e trabalhar com os elementos no círculo mágico é uma prática de conexão com a Terra e com o universo, e é uma forma de sintonizar-se com as forças primordiais que governam todas as coisas.

A magia elemental também ensina o praticante a viver em equilíbrio com o mundo ao seu redor, respeitando a natureza e integrando-se com as forças naturais. Ao aprender a trabalhar com a Terra, o Ar, o Fogo, a Água e o Espírito, o wiccano não apenas aprimora sua prática mágica, mas também desenvolve uma consciência ecológica e espiritual que o leva a uma vida mais harmoniosa e conectada com o todo.

Em sua jornada com a magia elemental, o praticante wiccano descobre que cada elemento oferece uma sabedoria única e essencial para o seu desenvolvimento pessoal e espiritual. Esses elementos são mais do que forças da natureza; são professores que o guiam e que o ajudam a encontrar seu próprio equilíbrio, integrando corpo, mente e espírito em um todo harmonioso e sagrado.

Capítulo 30
Feitiços Elaborados

Os feitiços elaborados na Wicca representam um nível mais profundo de prática mágica, onde o wiccano utiliza sua energia, intenções e conhecimentos acumulados para criar rituais detalhados e personalizados. Diferentemente dos feitiços simples, que são diretos e rápidos, os feitiços elaborados exigem preparação cuidadosa, escolha criteriosa de elementos e concentração intensa, pois visam alcançar metas mais complexas ou impactos duradouros. Nesse contexto, cada passo do ritual é uma camada de intenção, e cada elemento utilizado — desde as ervas até os cristais, as cores e as palavras — é uma parte essencial do processo de canalização de energia.

A criação de um feitiço elaborado começa com a **definição clara da intenção**. O praticante deve ter uma compreensão profunda do que deseja alcançar e de como isso se encaixa em seu caminho espiritual e em seus valores. Por exemplo, um feitiço elaborado para atrair prosperidade não se limita a invocar a riqueza material; ele pode incluir elementos de gratidão e de harmonia, para assegurar que a abundância chegue de maneira equilibrada e positiva. Uma intenção bem definida permite que o praticante concentre sua energia de forma mais eficaz e mantenha o foco durante todo o processo, garantindo que o feitiço seja um reflexo autêntico de seus desejos e de suas metas.

Após definir a intenção, o wiccano passa para a **seleção de ingredientes e correspondências mágicas**. Cada item utilizado no feitiço é escolhido com base em suas propriedades e em seu simbolismo. Cores, por exemplo, são muito utilizadas: velas verdes para prosperidade, vermelhas para paixão, azuis para cura emocional. Além disso, ervas específicas podem ser selecionadas para reforçar a intenção do feitiço. Um feitiço de proteção pode incluir alecrim e arruda, enquanto um feitiço de amor pode usar rosas e canela. Cada planta, mineral e cor representa uma qualidade energética que, ao ser incluída no ritual, amplifica o efeito desejado e torna o feitiço mais poderoso e direcionado.

A criação de **amuletos e talismãs** é um exemplo comum de feitiço elaborado. Um talismã, preparado para atrair proteção, prosperidade ou amor, é feito através da combinação de elementos como cristais, símbolos e sigilos que correspondem à intenção. O processo de consagração do talismã envolve visualizar a energia entrando no objeto, imbuindo-o com o propósito específico. Esse objeto é então carregado pelo praticante ou colocado em um local especial, onde sua presença atrai ou repele as energias desejadas. Talismãs exigem dedicação e a escolha cuidadosa de materiais, pois cada item deve ressoar com a intenção do feitiço e com o objetivo final.

Outro tipo de feitiço elaborado é o **trabalho com círculos de poder**, onde o praticante traça um círculo sagrado com símbolos específicos ou com a invocação de elementos e deidades. Esse círculo não apenas protege o espaço do ritual, mas também funciona como um canal que amplifica a energia do feitiço, garantindo que ela flua de forma concentrada e eficiente. No centro desse círculo, o praticante pode realizar meditações e visualizações profundas, criando uma atmosfera onde a magia é fortalecida e os efeitos do feitiço se tornam mais intensos.

Feitiços de cura complexos são outro exemplo de feitiços elaborados, especialmente aqueles que visam não apenas o corpo físico, mas também o bem-estar emocional e espiritual. Esses feitiços podem incluir o uso de cristais de cura, como quartzo rosa para o coração e ametista para a serenidade, além de águas e óleos infundidos com ervas curativas. O ritual de cura pode envolver a unção do corpo com óleos específicos, o uso de cânticos ou a recitação de orações, tudo com a intenção de canalizar a energia para restaurar a saúde e o equilíbrio.

Os **sigilos** são uma ferramenta poderosa em feitiços elaborados. Criados a partir de uma frase ou intenção, os sigilos são desenhados para simbolizar e concentrar uma energia específica. O processo de criação de um sigilo envolve transformar uma frase como "prosperidade e abundância" em um símbolo único e pessoal, através de combinações de letras e formas. Após o sigilo estar desenhado, ele é ativado em um ritual onde o praticante visualiza a energia sendo liberada para o universo, tornando o símbolo um condutor de suas intenções mais profundas. Esse símbolo pode ser desenhado em um papel, inscrito em um amuleto ou até mesmo marcado em velas usadas no feitiço.

Para feitiços de proteção complexos, o wiccano pode preparar **potes de proteção**, onde elementos como sal, cristais e ervas são combinados em um recipiente fechado para selar e proteger o espaço onde o feitiço é colocado. Esse pote de proteção é energizado com palavras de poder e colocado em locais estratégicos para repelir influências negativas e manter o ambiente seguro. Esses potes de proteção são revisados e reenergizados periodicamente, garantindo que continuem a proteger o praticante e seu espaço ao longo do tempo.

Os **círculos de invocação elementar** são igualmente importantes em feitiços elaborados. Para cada um dos quatro quadrantes, o praticante posiciona objetos que representam os elementos: cristais e pedras para a Terra, incenso para o Ar, velas para o Fogo e uma tigela com água para a Água. Durante o ritual, ele invoca as energias de cada elemento, pedindo que protejam e fortaleçam sua intenção. Esse tipo de ritual é especialmente útil para feitiços de grande importância, onde o praticante deseja que os quatro elementos trabalhem em conjunto para assegurar o sucesso do feitiço.

A **programação de cristais** é outra técnica avançada em feitiços elaborados, onde o praticante escolhe cristais específicos para absorver e transmitir sua intenção. Em um feitiço de prosperidade, por exemplo, um citrino pode ser programado com o desejo de abundância, e um feitiço de paz e cura pode utilizar a ametista. Para programar o cristal, o praticante segura a pedra nas mãos, visualizando a energia de sua intenção fluindo para o cristal, que então se torna um canal para essa energia. Esse cristal pode ser carregado ou colocado no altar, funcionando como um lembrete constante e como um amplificador da intenção.

A prática dos feitiços elaborados exige **concentração e presença**, pois é o estado mental e emocional do praticante que molda a energia e direciona o poder do feitiço. Cada gesto, cada palavra e cada visualização são partes de um processo mágico que reúne as energias do praticante e do universo em uma única intenção. Durante o feitiço, o wiccano deve se manter consciente de seu propósito, conectando-se com a energia da Terra, dos elementos e das deidades que deseja invocar.

Finalmente, a **purificação e o encerramento do feitiço** são essenciais. Após o ritual, o praticante limpa seu espaço, desfaz o círculo e libera a energia com gratidão e respeito. Esse encerramento é uma forma de concluir o processo mágico e de garantir que a energia se mantenha fluindo, permitindo que o feitiço siga seu curso natural. Alguns wiccanos utilizam defumação com ervas, como sálvia e cedro, para limpar o espaço após o feitiço, dissipando qualquer energia residual e trazendo harmonia ao ambiente.

Feitiços elaborados são momentos de **transformação e de compromisso profundo** com o caminho espiritual. Cada detalhe, desde a preparação até a execução e o encerramento, reflete a dedicação do praticante e seu desejo de trazer mudanças positivas para sua vida e para o mundo ao seu redor. Esses rituais complexos são uma expressão da conexão do wiccano com as forças naturais e espirituais, e cada feitiço elaborado é uma afirmação de seu poder e de sua capacidade de moldar sua própria realidade.

Em sua essência, a prática dos feitiços elaborados ensina ao wiccano sobre a importância do cuidado, da paciência e do respeito ao poder mágico. Cada feitiço é uma jornada, onde o praticante integra conhecimento, intenção e espiritualidade em um único ato de criação.

Capítulo 31
Círculos Avançados

Na Wicca, o círculo mágico é mais do que uma simples delimitação de espaço; é uma criação sagrada que atua como um canal de energia, um escudo de proteção e um ponto de encontro entre o plano material e o espiritual. Em sua forma avançada, a prática de traçar e manipular o círculo mágico torna-se uma habilidade essencial para o wiccano, permitindo que ele aprofunde seu poder pessoal e sua conexão com o universo. Círculos avançados requerem conhecimento, concentração e técnicas específicas para intensificar a energia e garantir a eficácia dos rituais. A prática aprimorada do círculo ensina o wiccano a dominar as forças mágicas e a compreender as nuances das energias que o cercam.

A criação de um círculo avançado começa com uma **preparação minuciosa do espaço**. O praticante limpa e consagra o local, utilizando defumação com ervas como sálvia, cedro ou arruda, ou borrifando água salgada para purificar o ambiente. Cada canto e cada objeto presente dentro do círculo é cuidadosamente arrumado para alinhar-se com as energias do ritual. Uma atenção especial é dada aos objetos de poder, como cristais e símbolos sagrados, que serão posicionados nos pontos cardeais ou no centro do círculo. A preparação do espaço físico e energético cria uma base firme sobre a qual o círculo mágico será erguido, garantindo que a energia se manifeste com clareza e intensidade.

Um dos métodos mais usados na criação de círculos avançados é o **uso de invocações e visualizações de proteção**

complexas. Aqui, o praticante visualiza o círculo como uma esfera de energia vibrante, onde a luz e a força do cosmos o envolvem e o protegem. Em vez de apenas visualizar uma linha no chão, ele imagina uma cúpula de energia que se estende acima e abaixo dele, unindo o céu e a Terra. Cada camada dessa cúpula é visualizada em cores específicas que correspondem à intenção do ritual: azul para proteção, verde para cura, dourado para iluminação. Esse processo visual cria uma camada energética poderosa que atua como uma barreira de proteção e um amplificador de intenções.

No contexto dos círculos avançados, a **invocação dos elementos** assume um papel fundamental e detalhado. Cada elemento — Terra, Ar, Fogo e Água — é chamado não apenas como uma força da natureza, mas como um guardião que contribui com sua energia específica para o sucesso do ritual. Para invocar os elementos, o praticante posiciona representações de cada elemento nos quadrantes correspondentes e recita uma invocação pessoal e simbólica. A invocação pode incluir cânticos, orações e gestos, permitindo que o wiccano sinta a presença viva e ativa de cada elemento dentro do círculo. Esse processo aprofunda a conexão com as forças elementais e transforma o círculo em um espaço onde Terra, Ar, Fogo e Água trabalham em harmonia para canalizar e proteger a energia mágica.

Em círculos avançados, a **consagração do espaço com símbolos mágicos e sigilos** é uma prática comum e poderosa. O praticante pode desenhar sigilos no chão ou nas paredes do círculo, utilizando giz, sal ou mesmo pequenos cristais. Esses símbolos personalizados servem como pontos focais de energia, amplificando a intenção do ritual e ajudando a direcionar o fluxo de poder para objetivos específicos. O uso de símbolos sagrados, como o pentagrama, a tríade ou a espiral, também é incorporado para representar proteção, sabedoria e conexão com o divino. Esses símbolos reforçam a intenção do círculo e criam uma estrutura energética que o protege contra interferências externas.

A técnica de **criação de círculos em camadas** é uma prática avançada onde o praticante cria múltiplas camadas de proteção, cada uma com um propósito e uma energia específica. Por exemplo, a camada externa pode ser destinada à proteção, bloqueando qualquer energia negativa; a camada intermediária pode amplificar a concentração e o foco do praticante; e a camada mais interna, que envolve o altar, pode servir como um canal direto para a comunicação espiritual. Esse método exige concentração e visualização detalhada, mas permite que o wiccano trabalhe com uma estrutura altamente protetiva e eficiente, onde cada camada responde a uma função específica e reforça a segurança do espaço.

Movimentos e gestos específicos também são integrados nos círculos avançados. Em vez de simplesmente caminhar ao redor do círculo, o praticante pode realizar gestos de invocação e de direcionamento de energia com as mãos, como a formação de símbolos no ar ou a posição das mãos em mudras que amplificam a concentração e a fluidez energética. Esses movimentos criam um fluxo contínuo de energia dentro do círculo, permitindo que o wiccano se mantenha em sintonia com a vibração do espaço. A precisão dos gestos e movimentos torna-se uma dança sagrada que fortalece o círculo e amplifica a presença do praticante no ritual.

Outra prática sofisticada em círculos avançados é o **uso de invocações complexas de deidades**. O praticante, ao invocar uma deidade específica, pode realizar uma série de cânticos e orações dedicadas à energia daquela divindade, pedindo proteção, sabedoria ou orientação. Cada deidade traz consigo uma qualidade única que fortalece e inspira o ritual, e a invocação é realizada com profundo respeito e devoção. Esse processo de invocação torna o círculo um espaço sagrado de comunicação com o divino, onde o praticante estabelece uma conexão com as forças cósmicas e espirituais que o guiam.

A prática avançada do círculo também envolve **trabalhos com cristais e pedras sagradas**, que são posicionados estrategicamente ao longo do perímetro do círculo para fortalecer e estabilizar a energia. Cada cristal é escolhido com base em suas propriedades energéticas e colocado em pontos específicos para intensificar a proteção, a cura ou a elevação espiritual. Por exemplo, quartzos claros são usados para amplificação, obsidianas para proteção, ametistas para intuição e jasper vermelho para força e coragem. O praticante pode programar esses cristais antes do ritual, imbuindo-os com intenções específicas para que eles atuem em sintonia com o objetivo do círculo.

A **utilização de espelhos ou superfícies reflexivas** é uma prática adicional que potencializa a energia dos círculos avançados. Espelhos são colocados no interior do círculo para refletir a energia gerada de volta para o centro, criando um campo de energia intensa e concentrada. Esse método é usado especialmente em rituais de proteção, onde o praticante deseja criar uma barreira altamente protetiva que impede a entrada de influências externas. Os espelhos também podem servir como portais de introspecção e de comunicação espiritual, onde o wiccano contempla seu reflexo e visualiza mensagens e imagens simbólicas.

Finalmente, **o fechamento do círculo** em uma prática avançada é feito com cerimônia e precisão, pois é o momento em que a energia liberada no círculo é cuidadosamente direcionada e encerrada. Em vez de apenas desfazer o círculo, o praticante agradece a cada elemento e à deidade invocada, enviando suas bênçãos e expressando gratidão pela proteção e pela orientação recebidas. Ele desfaz o círculo de maneira lenta e reverente, visualizando a energia sendo devolvida ao universo ou absorvida pela Terra. Esse fechamento consciente garante que a energia não fique dispersa e que o praticante permaneça em harmonia com o ambiente ao final do ritual.

Os círculos avançados são, em sua essência, um exercício de autodomínio e de conexão espiritual profunda. Cada passo e cada camada adicionada ao círculo servem para fortalecer o vínculo do wiccano com as forças universais e para aprimorar sua capacidade de direcionar e manipular energia de maneira sagrada. Esses círculos elevam o praticante a um nível de maestria, onde ele aprende a criar espaços de poder e proteção com intenção e habilidade.

    Ao dominar as técnicas dos círculos avançados, o wiccano desenvolve uma prática mais consciente e refinada, onde cada ritual é uma expressão do respeito e da reverência pelo sagrado. Esses círculos não são apenas proteções temporárias; são manifestações da harmonia entre o mundo físico e o espiritual, onde o praticante se encontra com o divino e molda sua realidade com sabedoria e clareza.

Capítulo 32
Proteção Mágica

A proteção mágica é uma prática fundamental na Wicca, projetada para proteger o praticante, seus espaços e suas energias de influências negativas ou indesejadas. Em um mundo onde energias de diferentes intenções circulam constantemente, o wiccano busca métodos eficazes para garantir a integridade de sua energia pessoal e de seu espaço sagrado. A proteção mágica não é apenas um escudo contra ameaças externas; é também um exercício de autoconhecimento e de fortalecimento interior, permitindo que o praticante se mantenha centrado e equilibrado em todas as circunstâncias. A prática de proteção envolve o uso de feitiços, amuletos, rituais e técnicas energéticas para criar barreiras e para purificar ambientes.

Um dos métodos mais comuns de proteção mágica é o uso de **amuletos e talismãs**. Um amuleto é geralmente um objeto natural ou criado pelo próprio praticante, carregado de energia protetora e consagrado para afastar influências negativas. Pedras como a obsidiana, o ônix e a turmalina negra são amplamente utilizadas para esse fim, pois são conhecidas por suas propriedades de absorção e transmutação de energia negativa. Um talismã, por outro lado, é um objeto criado especificamente com a intenção de atrair proteção. O wiccano pode gravar sigilos ou símbolos sagrados no talismã, consagrando-o para reforçar sua eficácia. Esses objetos podem ser carregados consigo, usados como joias ou colocados em locais estratégicos da casa para garantir proteção contínua.

A **limpeza e purificação do espaço** são práticas essenciais na proteção mágica. Antes de realizar qualquer feitiço de proteção, o wiccano purifica o ambiente, limpando energeticamente o espaço para remover qualquer resíduo de energia indesejada. A defumação com ervas, como sálvia, alecrim ou arruda, é uma prática comum, onde o praticante permite que a fumaça percorra cada canto do ambiente, eliminando qualquer energia estagnada ou negativa. A limpeza com água salgada também é eficaz; o praticante pode borrifar a água salgada nos cantos do espaço ou esfregar o chão com uma solução de sal e água para purificação. Esses métodos de limpeza energética criam uma base pura sobre a qual a proteção será erguida.

A **criação de escudos energéticos** é uma habilidade poderosa que permite ao praticante formar uma barreira protetora ao seu redor ou ao redor de objetos e espaços. Um escudo energético pode ser visualizado como uma bolha de luz, que envolve o praticante e repele qualquer energia indesejada. Ao criar o escudo, o wiccano visualiza uma luz vibrante, de cor branca ou azul, que o envolve completamente, bloqueando qualquer influência negativa. Esse escudo pode ser fortalecido diariamente por meio de meditação e visualização, sendo ajustado conforme necessário para intensificar a proteção. Em momentos de vulnerabilidade ou em ambientes desconhecidos, o escudo energético funciona como uma defesa eficaz e discreta.

Pentagramas e símbolos sagrados são amplamente usados em práticas de proteção, pois carregam significados e energias que ajudam a repelir o mal e a fortalecer a defesa espiritual. O pentagrama, por exemplo, representa a harmonia entre os elementos e o Espírito, e é considerado um símbolo protetor poderoso. O praticante pode desenhar pentagramas em portas, janelas ou espelhos para bloquear a entrada de energias indesejadas. Além do pentagrama, símbolos como o triskelion e a cruz celta também são eficazes, cada um trazendo sua própria energia de equilíbrio e proteção. Esses símbolos podem ser inscritos em talismãs, pintados em objetos do lar ou visualizados em meditações de proteção.

O **feitiço de círculo de proteção** é uma prática importante na Wicca, onde o praticante traça um círculo mágico ao seu redor para criar um espaço seguro e impenetrável. Esse círculo é formado pela invocação de cada um dos elementos, pedindo que Terra, Ar, Fogo e Água protejam e purifiquem o espaço. O círculo de proteção pode ser traçado fisicamente com giz ou cordas, ou visualizado como uma esfera de luz ao redor do praticante. Esse feitiço é especialmente útil antes de rituais e feitiços, pois o círculo mágico protege o wiccano de qualquer interferência externa e concentra a energia do trabalho.

Para proteção contínua, muitos wiccanos mantêm **potes de proteção** em suas casas. Esses potes contêm uma combinação de ingredientes conhecidos por suas propriedades protetoras, como sal, pimenta, alho, cristais e ervas secas como louro e alecrim. O pote de proteção é preparado com intenção e consagrado para repelir energias negativas. Colocado em um canto específico ou próximo à porta de entrada, ele atua como uma barreira energética que purifica constantemente o espaço. Esse pote pode ser periodicamente reenergizado, com a adição de novos ingredientes ou com uma breve oração ou visualização de proteção.

Runas e alfabetos mágicos também são ferramentas úteis para proteção. As runas nórdicas, como Algiz e Thurisaz, são símbolos poderosos que trazem proteção e força ao praticante. Algiz, em particular, é usada para invocar a proteção divina, formando uma barreira que impede a entrada de energia negativa. O wiccano pode desenhar essa runa em um amuleto, nas portas de sua casa ou até mesmo no próprio corpo, visualizando-a como um escudo que o protege de influências indesejadas. Essa prática permite que o praticante personalize sua proteção, ajustando-a conforme suas necessidades e sua afinidade com diferentes símbolos e sistemas de escrita.

O **uso de velas consagradas** é outra prática comum na proteção mágica. As velas são carregadas com intenção e consagradas para proteção, servindo como pontos focais de energia purificadora. O praticante acende uma vela branca ou preta, dependendo da necessidade de limpeza ou de proteção contra energias negativas, e permite que a chama queime até o fim. Durante esse processo, ele pode recitar orações ou cânticos, visualizando a luz da vela afastando qualquer influência prejudicial. As velas também podem ser dispostas em um círculo ao redor do praticante ou de um objeto para criar uma barreira de proteção intensa.

Em situações de vulnerabilidade emocional ou espiritual, a prática de **banhos de proteção com ervas** é especialmente eficaz. Esses banhos são preparados com ervas e sal marinho, que têm propriedades purificadoras e protetoras. Alecrim, lavanda, hortelã e arruda são algumas das ervas comumente utilizadas em banhos de proteção, onde o praticante coloca as ervas em água quente, permitindo que elas infundam suas propriedades. Durante o banho, o wiccano visualiza as ervas limpando e protegendo seu campo energético, afastando qualquer negatividade. Essa prática é uma forma de restaurar a energia pessoal e de criar uma defesa contra futuras influências.

A **invocação de deidades protetoras** também é uma prática comum. Deuses e deusas como Hécate, Brigid e Thor são reverenciados por sua capacidade de proteger e de orientar os praticantes. O wiccano pode invocar essas deidades em rituais específicos, pedindo-lhes proteção e orientação em momentos de desafio. Cada deidade possui características e poderes únicos que podem ser canalizados para proteção, e a presença delas cria uma sensação de segurança e de amparo espiritual.

Por fim, a **meditação e o fortalecimento da energia pessoal** são essenciais para a proteção mágica eficaz. O wiccano aprende a cultivar sua própria energia, mantendo-se equilibrado e consciente de seu poder interno. Meditações de enraizamento e visualizações de escudos protetores fortalecem a energia pessoal, impedindo que o praticante seja facilmente afetado por influências externas. Ao cultivar a autoconsciência e o equilíbrio emocional, o praticante se torna menos vulnerável a ataques energéticos e mais capaz de manter uma barreira de proteção natural ao seu redor.

A proteção mágica é, portanto, uma prática integral e contínua, onde o wiccano desenvolve habilidades para proteger não apenas o espaço físico, mas também sua essência espiritual. Ao combinar técnicas e elementos com sabedoria e intenção, o praticante constrói uma fortaleza de proteção que o acompanha em todas as áreas de sua vida. Cada método de proteção, seja físico, energético ou espiritual, reforça o vínculo do wiccano com sua prática e fortalece sua confiança em sua capacidade de criar um ambiente seguro e harmonioso.

Capítulo 33
Divinação Básica

A divinação é uma prática essencial na Wicca, utilizada para acessar o inconsciente, entender o presente e explorar potenciais futuros. Diferente de uma previsão determinística, a divinação oferece ao praticante uma visão ampliada de sua situação atual, permitindo que ele tome decisões mais informadas e alinhe-se com as energias ao seu redor. A prática da divinação é, acima de tudo, um caminho para desenvolver a intuição e aprofundar o autoconhecimento, entendendo que o futuro é uma teia de possibilidades constantemente influenciada pelo livre-arbítrio. Para o wiccano, a divinação é uma arte sagrada que envolve comunicação com o divino e com as energias naturais.

Um dos métodos mais populares e acessíveis de divinação é o uso de **cartas de Tarô**. O Tarô é composto por um conjunto de 78 cartas, divididas entre Arcanos Maiores e Menores. Os Arcanos Maiores representam forças universais e lições espirituais, enquanto os Arcanos Menores refletem as questões do cotidiano e as emoções pessoais. Ao utilizar o Tarô, o praticante formula uma pergunta clara, embaralha as cartas e seleciona uma disposição, ou "spread", apropriada para o tema. Cada carta tirada é interpretada com base em seu simbolismo e posição, revelando aspectos importantes da situação. O Tarô ensina o wiccano a confiar em sua intuição e a ler os sinais do universo, compreendendo que cada carta reflete uma verdade oculta.

Outro método tradicional de divinação na Wicca é o uso de **runas nórdicas**. As runas são um alfabeto ancestral comumente utilizado pelos povos germânicos e escandinavos, cada símbolo carregando um significado e uma energia específica. O praticante pode lançar as runas, jogando-as sobre uma superfície e interpretando a disposição dos símbolos, ou escolher uma única runa para responder a uma pergunta direta. Cada runa representa conceitos como proteção, força, crescimento e mudança, permitindo ao wiccano explorar a essência de sua pergunta e encontrar caminhos de ação. As runas, com suas raízes antigas, evocam o poder dos elementos e das forças da natureza, ajudando o praticante a se conectar com os ciclos e as transformações naturais.

O pêndulo é outro método simples e eficaz de divinação. Consistindo de uma pequena pedra ou objeto pendurado em uma corrente ou cordão, o pêndulo é utilizado para responder perguntas de "sim" ou "não". Ao segurar o pêndulo e fazer uma pergunta, o praticante observa o movimento do objeto: movimentos circulares, verticais ou horizontais indicam respostas diferentes. Antes de usar o pêndulo, o wiccano estabelece um código de comunicação, perguntando qual movimento representa "sim" e qual representa "não". O pêndulo é ideal para perguntas diretas e para obter respostas rápidas, permitindo ao praticante acessar sua própria intuição de maneira prática e objetiva. O movimento do pêndulo é visto como uma extensão da energia do praticante, revelando sua própria sabedoria inconsciente.

A prática da **cristalomancia**, ou leitura de cristais, também é uma técnica valiosa de divinação. O praticante seleciona um cristal específico e o usa para meditar sobre uma questão ou situação. Cada cristal possui propriedades únicas — como o quartzo para clareza, a ametista para intuição e a turmalina para proteção — e, ao focar a mente nesses atributos, o wiccano permite que o cristal atue como uma ponte para sua percepção intuitiva. Alguns praticantes usam vários cristais em conjunto, permitindo que cada pedra revele um aspecto diferente da situação. Essa prática é uma forma de comunicação direta com a energia da Terra, onde cada cristal é visto como um mensageiro que reflete as vibrações e as respostas do universo.

O **I Ching**, ou Livro das Mutações, é uma técnica de divinação chinesa antiga, baseada na ideia de que o universo está em constante transformação. Para praticar o I Ching, o wiccano utiliza moedas ou varetas para formar um hexagrama, que é então interpretado a partir dos 64 hexagramas presentes no livro. Cada hexagrama representa uma situação ou uma fase da vida e é acompanhado de uma interpretação que orienta o praticante em relação a seu caminho e aos desafios que enfrenta. Embora o I Ching exija estudo e prática, ele é uma ferramenta poderosa que ajuda o praticante a compreender o fluxo de energia e as mudanças em sua vida, proporcionando um conselho profundo e atemporal.

Scrying, ou vidência, é uma prática de olhar para superfícies reflexivas, como água, espelhos ou esferas de cristal, para acessar mensagens do inconsciente ou do plano espiritual. Ao usar um espelho negro, uma tigela de água ou uma bola de cristal, o wiccano permite que sua mente entre em um estado de relaxamento e de abertura, onde imagens, formas e visões podem surgir. Essa prática requer paciência e uma mente receptiva, pois as imagens nem sempre são claras ou imediatas. Scrying é uma técnica antiga que ajuda o praticante a ver além do físico e a captar impressões intuitivas, permitindo que ele explore questões complexas e encontre orientação nos símbolos que surgem durante a visão.

Para fortalecer suas habilidades divinatórias, o wiccano pode realizar práticas de **meditação e desenvolvimento da intuição**. Técnicas de visualização, como imaginar luzes e cores específicas, ajudam a expandir a percepção e a sintonizar-se com as energias ao redor. Meditações com foco nos chakras e no terceiro olho também são eficazes, pois despertam a intuição e facilitam a compreensão de mensagens sutis. O desenvolvimento contínuo da intuição é essencial para a divinação, permitindo que o praticante se conecte de forma mais profunda e direta com as energias invisíveis.

Outra técnica importante é a **leitura de sinais na natureza**, conhecida como augúrio. Essa prática envolve observar o comportamento de animais, a disposição das nuvens, o movimento das árvores e outros sinais naturais para obter mensagens do universo. Por exemplo, o voo de um pássaro ou o encontro inesperado com um animal específico pode ser interpretado como uma resposta ou um aviso. Essa técnica de divinação fortalece a conexão do wiccano com o mundo natural, ajudando-o a perceber que o universo está em constante comunicação com ele. Para praticar o augúrio, o wiccano deve estar atento e receptivo, interpretando os sinais com uma mente aberta e buscando significados que ressoem com sua intuição.

A **escrita automática** é outra forma de acessar a intuição e de captar mensagens de guias espirituais ou do próprio inconsciente. O praticante entra em um estado de relaxamento e permite que sua mão escreva livremente, sem direcionar conscientemente o que está sendo escrito. A escrita automática revela pensamentos e sentimentos ocultos, funcionando como uma ponte entre o consciente e o inconsciente. Essa técnica exige prática e confiança, pois o praticante precisa abrir-se para as palavras que surgem, permitindo que a intuição flua sem censura ou julgamento.

A **interpretação de sonhos** é também uma ferramenta de divinação valiosa. Os sonhos são vistos como uma linguagem simbólica do inconsciente, onde as questões internas, os desejos e até mesmo as mensagens proféticas podem aparecer. Ao manter um diário de sonhos e analisá-los regularmente, o wiccano pode identificar padrões, símbolos e temas recorrentes que oferecem orientação e insights sobre questões de sua vida. O estudo de símbolos oníricos e a prática de meditações antes de dormir podem intensificar a clareza dos sonhos e melhorar a capacidade do praticante de interpretá-los.

A prática da divinação na Wicca é uma jornada contínua de descoberta e de conexão com o sagrado. Cada método oferece uma maneira única de explorar o universo e de encontrar respostas para as perguntas que habitam o coração do praticante. Com paciência, estudo e intuição, o wiccano desenvolve uma relação de confiança com os métodos divinatórios, entendendo que cada técnica é uma forma de comunicar-se com o divino e de receber orientação para sua jornada.

A divinação, em sua essência, é um exercício de abertura e de confiança. Ao consultar o Tarô, as runas, o pêndulo ou as forças da natureza, o wiccano reafirma seu compromisso com o autoconhecimento e com o poder da intuição. Cada prática de divinação não é apenas um meio de prever o futuro, mas também um caminho para compreender o presente, reconhecer as lições do passado e caminhar com sabedoria rumo ao desconhecido.

Capítulo 34
Tarô Iniciante

O Tarô é uma das ferramentas mais antigas e populares de divinação, sendo amplamente utilizado na Wicca como um meio de introspecção, orientação e autoconhecimento. Composto por 78 cartas que refletem os ciclos da vida, o Tarô é um sistema rico em símbolos, cores e arcanos, que conecta o praticante às forças arquetípicas do universo e às fases naturais de crescimento, desafio e renovação. Embora inicialmente intimidador pela quantidade de cartas e seus significados, o estudo do Tarô revela-se uma jornada fascinante de descoberta. Cada carta é uma história, uma lição, e um reflexo das realidades internas e externas do praticante.

O Tarô é dividido em duas partes principais: os **Arcanos Maiores** e os **Arcanos Menores**. Os Arcanos Maiores, compostos por 22 cartas, representam os grandes temas e as lições espirituais da vida, abordando desde o nascimento e a descoberta até a morte e a renovação. Cartas como O Louco, O Mago, A Imperatriz e A Torre simbolizam etapas ou arquétipos essenciais que todos experimentam em diferentes momentos da vida. Cada carta dos Arcanos Maiores possui uma profundidade significativa e carrega em si uma mensagem universal. A leitura dessas cartas ensina o praticante a entender as energias mais amplas e a refletir sobre o próprio crescimento espiritual.

O Louco, a primeira carta dos Arcanos Maiores, é o símbolo de novos começos, da confiança na jornada e da coragem para explorar o desconhecido. Essa carta encoraja o praticante a abraçar mudanças e a confiar no caminho que se abre à sua frente.

O Mago, por outro lado, representa a habilidade de transformar a realidade, utilizando os recursos disponíveis para manifestar intenções. A Imperatriz simboliza a fertilidade, o amor e o poder criativo da natureza, enquanto a Torre, muitas vezes temida, indica uma ruptura ou uma transformação profunda que, embora difícil, traz uma renovação essencial.

Os **Arcanos Menores**, por sua vez, consistem em 56 cartas divididas em quatro naipes: Ouros, Copas, Espadas e Paus, que representam os quatro elementos — Terra, Água, Ar e Fogo — e refletem os aspectos cotidianos da vida. Cada naipe possui dez cartas numeradas e quatro cartas da corte (Pajem, Cavaleiro, Rainha e Rei), e cada uma tem um significado específico. Os Ouros, por exemplo, abordam questões materiais, finanças e estabilidade; as Copas exploram as emoções, as relações e a intuição; as Espadas estão ligadas ao intelecto, aos conflitos e às decisões; e os Paus simbolizam a paixão, a criatividade e a ação.

Ao aprender o Tarô, o praticante desenvolve a **interpretação intuitiva** das cartas, combinando seu próprio insight com os significados tradicionais. Em vez de decorar cada significado de forma rígida, o wiccano é incentivado a se conectar com a imagem, com as cores e com os símbolos de cada carta, permitindo que sua intuição guie a interpretação. Essa prática ajuda a fortalecer a conexão espiritual e torna a leitura do Tarô uma experiência pessoal e única. A arte do Tarô não está em saber cada significado de cor, mas em permitir que as cartas se comuniquem de forma fluida e significativa.

A prática do Tarô geralmente começa com **leituras simples de uma carta ou de três cartas**. A leitura de uma carta é ideal para perguntas diretas, onde o praticante busca uma resposta clara ou uma orientação específica. A leitura de três cartas, por sua vez, explora o passado, o presente e o futuro, oferecendo uma visão mais ampla da situação e das influências envolvidas. Com o tempo, o praticante pode experimentar spreads mais complexos, como a Cruz Celta, que revela detalhes sobre a situação, os obstáculos, as influências ocultas e os possíveis desdobramentos.

Para realizar uma leitura, o praticante começa **embaralhando as cartas** enquanto se concentra na pergunta ou na situação que deseja explorar. Esse processo de embaralhamento é um momento de sintonização, onde o praticante conecta sua energia com o Tarô. Em seguida, as cartas são distribuídas de acordo com o spread escolhido, e cada carta é interpretada conforme sua posição e seu significado. Esse ritual de embaralhar e de dispor as cartas transforma o Tarô em um espaço sagrado de comunicação, onde o praticante dialoga com seu inconsciente e com as forças do universo.

A **limpeza e a consagração do baralho** são práticas importantes para o wiccano, pois mantêm as cartas energeticamente alinhadas e preparadas para cada leitura. Muitos praticantes passam as cartas por fumaça de sálvia ou incenso para purificá-las, ou as guardam em um pano ou bolsa de tecido, protegendo o baralho de influências externas. Além disso, consagrar o baralho com orações ou meditações antes da primeira leitura fortalece a conexão entre o praticante e o Tarô, criando uma relação de respeito e de confiança.

À medida que o praticante se aprofunda no estudo do Tarô, ele pode começar a **registrar suas leituras em um diário de Tarô**. Esse diário é um registro valioso das cartas tiradas, das interpretações e das reflexões pessoais, que ajuda o wiccano a identificar padrões e a acompanhar seu próprio crescimento espiritual. Ao revisitar o diário, o praticante observa como as mensagens do Tarô evoluem e se alinham com suas experiências, construindo um entendimento mais profundo das lições e dos insights que as cartas oferecem.

Uma prática importante para iniciantes é a **meditação com as cartas**. O praticante escolhe uma carta específica e entra em um estado de contemplação, visualizando-se dentro da cena representada e interagindo com os símbolos e personagens da carta. Essa prática de meditação permite que o wiccano experimente o Tarô de maneira visceral e intuitiva, aprofundando sua compreensão do significado e do impacto de cada carta. Meditar com cartas como o Eremita ou o Sol pode trazer clareza sobre o próprio caminho espiritual e sobre os desafios e as bênçãos que ele oferece.

O Tarô também pode ser usado para **exercícios de autoconhecimento**, onde o praticante explora diferentes aspectos de sua personalidade e de suas emoções. Por exemplo, ele pode perguntar ao Tarô quais qualidades precisa desenvolver, ou quais aspectos de sua vida requerem mais atenção e equilíbrio. Esse tipo de leitura pessoal é um exercício de autoexploração, onde cada carta revelada é uma reflexão das forças e dos desafios internos. O Tarô ajuda o wiccano a acessar sua sabedoria interior, incentivando-o a reconhecer e a trabalhar suas próprias qualidades e sombras.

A prática do Tarô exige **paciência e dedicação**. No início, as leituras podem parecer confusas ou contraditórias, mas com o tempo, o praticante aprende a confiar em sua intuição e a interpretar as cartas com mais clareza e confiança. Cada leitura é uma oportunidade de aprendizado e de conexão, onde o Tarô ensina o wiccano a perceber que a vida é um fluxo de experiências e que cada carta é uma janela para essa jornada.

Em última análise, o Tarô é mais do que uma ferramenta de divinação; é uma **ponte entre o inconsciente e o espiritual**, um recurso que amplia a visão e revela as mensagens ocultas da vida cotidiana. Cada carta é um convite para o autoconhecimento e uma chamada para o despertar. Com o Tarô, o wiccano descobre que ele não apenas observa o destino, mas participa ativamente dele, usando sua intuição e sua sabedoria para moldar seu caminho com propósito e clareza.

Capítulo 35
Runas Mágicas

As runas são um dos sistemas de divinação mais antigos, originário das tradições germânicas e escandinavas, e são amplamente utilizadas na Wicca para orientação, proteção e conexão com as energias naturais. Cada runa é um símbolo de poder, carregado com um significado arquetípico e uma vibração específica, que permite ao praticante acessar mensagens espirituais e compreender melhor as forças que influenciam sua vida. Ao trabalhar com as runas, o wiccano não apenas desenvolve sua intuição, mas também se conecta com a sabedoria ancestral, aprendendo a integrar essas energias em sua prática mágica e em sua vida cotidiana.

O sistema mais comum utilizado é o **Futhark Antigo**, composto de 24 runas, cada uma com um nome, um som e um simbolismo próprio. As runas representam temas essenciais da vida, como proteção, crescimento, desafios e transformação. Elas são geralmente inscritas em pedras, pedaços de madeira ou outros materiais naturais, e podem ser usadas tanto para divinação quanto para feitiçaria. Ao lançar as runas ou tirar uma única runa, o praticante acessa uma mensagem específica que reflete sua situação atual e oferece orientação sobre o caminho a seguir. Além de serem ferramentas de divinação, as runas podem ser carregadas consigo como amuletos protetores ou utilizadas em rituais para atrair energias desejadas.

A primeira runa do Futhark Antigo, **Fehu**, simboliza a prosperidade e o poder criativo. Associada ao gado e à riqueza, Fehu representa a abundância material e o fluxo de recursos.

Quando aparece em uma leitura, ela indica ganhos financeiros, crescimento e a necessidade de gerenciar bem os recursos disponíveis. Essa runa ensina o praticante a valorizar o que possui e a reconhecer a importância da generosidade e da circulação de energia.

Uruz, a segunda runa, simboliza a força vital e a resistência. Representando o uro, um animal selvagem e poderoso, Uruz fala de saúde, vigor e determinação. Quando essa runa surge, ela encoraja o praticante a confiar em sua força interior e a enfrentar desafios com coragem e resiliência. Em rituais, Uruz é usada para atrair saúde e para fortalecer a energia física e espiritual, sendo uma runa de poder para superar obstáculos e transformar dificuldades em oportunidades de crescimento.

Outra runa importante é **Algiz**, um símbolo de proteção e conexão espiritual. Representando um alce com galhadas erguidas, Algiz atua como um escudo que protege o praticante de energias negativas e oferece segurança em tempos de incerteza. Em leituras, Algiz indica a presença de proteção divina e a necessidade de se conectar com guias espirituais. Em feitiços, essa runa é comumente desenhada em portas, janelas e objetos pessoais para criar uma barreira contra influências indesejadas.

Ansuz, a runa da comunicação e da sabedoria, está associada ao deus Odin e ao poder da palavra. Ela representa a inspiração, o conhecimento e a clareza mental. Quando surge em uma leitura, Ansuz sugere que o praticante deve prestar atenção aos sinais, às conversas e às mensagens ao seu redor, pois podem trazer insights valiosos. Ansuz é uma runa poderosa para trabalhos de adivinhação e para melhorar a capacidade de comunicação e compreensão.

A prática das runas envolve não apenas o conhecimento dos significados, mas também a capacidade de **sentir e interpretar a energia** que cada runa emana. Antes de uma leitura, o praticante entra em um estado de concentração, respirando profundamente e conectando-se com a sabedoria das runas. Ao retirar uma runa do saco ou ao lançar todas sobre uma superfície, ele observa a disposição, as runas que ficaram viradas para cima e a relação entre os símbolos. Cada detalhe é uma mensagem, e o praticante usa sua intuição para interpretar como os significados tradicionais se aplicam à sua situação pessoal.

Além da leitura de runas individuais, o praticante pode utilizar **lançamentos ou spreads de runas** para obter uma visão mais ampla. O lançamento de três runas, por exemplo, é uma técnica popular que explora o passado, o presente e o futuro da questão. Nesse spread, a primeira runa revela as influências passadas, a segunda descreve a situação atual e a terceira indica os possíveis desdobramentos. Outra técnica é o lançamento das Nove Runas, onde o praticante tira nove runas e as dispõe em um círculo ou em uma linha, revelando aspectos variados da situação.

A **magia com runas** é uma prática poderosa e direta na Wicca. Cada runa pode ser utilizada em feitiços e encantamentos para atrair ou repelir energias específicas. Ao desenhar ou esculpir uma runa em um objeto — como uma vela, uma pedra ou um pedaço de papel — o praticante consagra o objeto com a energia daquela runa. Fehu, por exemplo, pode ser esculpida em uma vela verde para um feitiço de prosperidade, enquanto Algiz pode ser desenhada em um pedaço de madeira para criar um amuleto de proteção. As runas são ferramentas práticas que amplificam a intenção do praticante e direcionam o poder mágico de maneira focada.

Sigilos de runas são uma prática comum para criar combinações personalizadas de energias. O praticante escolhe runas que correspondam a aspectos desejados, como proteção, sucesso e cura, e combina esses símbolos em um único desenho. Esse sigilo é carregado com a intenção específica e pode ser usado como um talismã ou inscrito em um local onde se deseja que a energia seja ativa. Ao criar sigilos, o praticante manifesta sua intenção em uma forma visual poderosa, que atua continuamente para alcançar o objetivo desejado.

Para aprofundar seu conhecimento das runas, o praticante pode incorporar a **meditação com runas** em sua rotina espiritual. Ao escolher uma runa e meditar em seu significado, ele visualiza a runa em sua mente e explora as qualidades que ela representa. Essa prática ajuda o wiccano a internalizar o simbolismo de cada runa e a desenvolver uma compreensão mais intuitiva dos arquétipos e das lições que elas trazem. Meditar com runas como Eihwaz, que representa transformação, ou Gebo, que simboliza troca e harmonia, é uma maneira de absorver as energias dessas forças e integrá-las no desenvolvimento pessoal.

A **escrita rúnica** é outra prática enriquecedora, onde o wiccano aprende a inscrever palavras, nomes e intenções usando o alfabeto rúnico. Esse tipo de escrita é usada para consagrar objetos, fazer encantamentos ou criar mensagens de proteção. Ao escrever uma intenção em runas, o praticante canaliza a energia de cada símbolo, fortalecendo o propósito e criando uma conexão com as forças antigas que as runas representam. Essa prática é especialmente eficaz em amuletos de proteção e em talismãs de sorte.

As runas também podem ser usadas em **rituais de conexão com ancestrais** e com as energias da natureza. Cada runa é um elo com as tradições antigas e com as forças da Terra, e ao trabalhar com elas, o wiccano honra a sabedoria ancestral e celebra a continuidade do conhecimento espiritual. Rituais que envolvem oferendas de gratidão e invocações de proteção podem ser realizados em locais sagrados, como florestas, rios e montanhas, onde o praticante sente a presença das forças da natureza e reforça seu vínculo com o mundo natural.

Ao estudar e utilizar as runas, o wiccano aprende a ver além do mundo visível e a perceber as correntes energéticas que moldam sua vida. Cada runa é um lembrete de que a vida é uma jornada de crescimento e de transformação, onde desafios e bênçãos se entrelaçam para formar a experiência humana. A prática das runas ensina o praticante a confiar em sua intuição e a reconhecer que ele é parte de uma teia maior, onde as energias do universo e da Terra estão sempre em comunicação.

No caminho espiritual do wiccano, as runas são ferramentas sagradas que fortalecem a conexão com o divino, trazendo orientação, proteção e uma compreensão mais profunda do próprio destino. Trabalhar com as runas é como conversar com o tempo e com as forças que habitam o cosmos, uma jornada de aprendizado e de magia que une o praticante às energias primordiais que governam a vida.

Capítulo 36
Pêndulo Sagrado

O pêndulo é uma ferramenta poderosa e versátil na prática wiccana, usada para divinação, cura e comunicação com o inconsciente. Simples em aparência, mas profunda em sua funcionalidade, o pêndulo consiste em um objeto suspenso por uma corrente ou cordão — geralmente um cristal ou um metal. Sua simplicidade é parte de sua eficácia, permitindo ao praticante acessar respostas intuitivas e perceber vibrações sutis que podem passar despercebidas. Ao trabalhar com o pêndulo, o wiccano desenvolve a habilidade de interpretar movimentos e energias que revelam verdades escondidas, orientando-o nas decisões e na compreensão das forças invisíveis ao seu redor.

Para começar, é fundamental **escolher um pêndulo adequado**. O praticante deve selecionar um pêndulo com o qual sinta uma afinidade natural, pois essa conexão fortalece a comunicação energética. Os cristais são uma escolha comum, e cada tipo de pedra traz qualidades específicas que podem complementar a prática. A ametista, por exemplo, é conhecida por sua capacidade de facilitar a intuição e a clareza espiritual, enquanto o quartzo transparente amplifica a energia, tornando-o ideal para uma ampla variedade de leituras e curas. Outros materiais, como metais e madeiras, também são eficazes e podem ser escolhidos com base em preferências pessoais e no tipo de trabalho que se deseja realizar.

Antes de usar o pêndulo, o praticante deve **purificá-lo e consagrá-lo** para estabelecer uma conexão clara e sem interferências energéticas. Essa purificação pode ser feita passando o pêndulo pela fumaça de ervas como sálvia ou alecrim, ou lavando-o em água salgada, especialmente se for feito de um material resistente à água. A consagração envolve a definição de uma intenção clara e a programação do pêndulo para responder de maneira precisa e confiável. Durante esse processo, o wiccano pode segurar o pêndulo entre as mãos, visualizar uma luz branca envolvendo o objeto e afirmar mentalmente que ele será um canal puro de orientação e de verdade.

Estabelecer um código de comunicação com o pêndulo é o próximo passo essencial. O praticante começa fazendo perguntas simples para determinar os movimentos que representarão as respostas de "sim", "não" e "talvez". Com o pêndulo imóvel, ele pergunta, por exemplo, "Mostre-me um 'sim'" e observa o movimento que o pêndulo assume — que pode ser circular, lateral ou vertical. Esse processo é repetido para cada resposta, criando uma linguagem personalizada que o praticante utilizará em suas leituras futuras. Esse código se torna uma base estável para o trabalho com o pêndulo, pois permite que o wiccano interprete as respostas com clareza e consistência.

Uma das aplicações mais comuns do pêndulo é a **divinação**, onde ele é utilizado para responder a perguntas diretas. O praticante mantém o pêndulo suspenso, concentra-se na questão e aguarda o movimento. O pêndulo é particularmente eficaz em perguntas que envolvem opções específicas ou respostas de "sim" e "não". Para perguntas mais complexas, o praticante pode utilizar um "tapete de pêndulo" ou "tabuleiro de respostas", onde estão marcadas palavras, números ou símbolos que o pêndulo aponta para fornecer respostas mais detalhadas. Esse tipo de divinação é útil para decisões práticas e para situações onde o praticante busca orientação rápida e objetiva.

Além da divinação, o pêndulo também é amplamente usado em **práticas de cura energética** e para diagnosticar desequilíbrios nos chakras. O praticante pode suspender o pêndulo sobre cada chakra, observando seus movimentos para determinar a saúde e a vitalidade de cada ponto energético. Se o pêndulo se mover de forma irregular ou parar sobre um chakra específico, isso pode indicar um bloqueio ou uma necessidade de equilíbrio. Esse tipo de leitura permite ao wiccano identificar áreas que requerem atenção e aplicar técnicas de cura adequadas, como o uso de cristais, reiki ou meditação.

A limpeza de ambientes com o pêndulo é outra prática poderosa. Ao percorrer um espaço com o pêndulo, o praticante pode identificar áreas onde a energia está estagnada ou desequilibrada. O pêndulo indica esses pontos através de mudanças em seus movimentos, permitindo que o wiccano foque em locais que necessitam de purificação. Após identificar esses pontos, o praticante pode realizar defumações, colocar cristais ou até mesmo repetir visualizações de purificação para harmonizar a energia do ambiente. Essa técnica de limpeza é especialmente útil para casas, altares e outros locais sagrados.

Outro uso interessante do pêndulo é o **mapeamento energético**, onde o praticante utiliza um mapa físico ou um diagrama para buscar informações ou objetos perdidos. Com um mapa sobre a mesa, ele segura o pêndulo sobre áreas específicas, fazendo perguntas enquanto observa os movimentos. Esse processo ajuda a localizar pessoas, objetos ou até mesmo descobrir áreas que precisam de proteção ou limpeza. Esse tipo de trabalho é um exemplo da versatilidade do pêndulo, que responde tanto a questões físicas quanto espirituais.

O pêndulo também é uma ferramenta eficaz para **trabalho de scrying e meditação**. O praticante pode usar o pêndulo para entrar em um estado meditativo, observando o movimento como um ponto focal e permitindo que sua mente acesse camadas mais profundas de consciência. Durante essa meditação, o praticante pode fazer perguntas ou pedir orientação, deixando que o pêndulo revele respostas de maneira intuitiva. Essa prática fortalece a conexão com o subconsciente e permite que o wiccano explore questões internas de forma mais profunda e introspectiva.

Para aqueles que desejam se aprofundar no trabalho com pêndulo, **o registro das leituras** em um diário é uma prática enriquecedora. O praticante anota as perguntas feitas, os movimentos observados e as interpretações para cada leitura. Esse registro permite que ele acompanhe padrões, revise a precisão das respostas e refine sua técnica ao longo do tempo. Revisitar o diário ajuda o wiccano a perceber como sua intuição e a relação com o pêndulo se desenvolvem, criando uma base sólida de experiência e aprendizado.

O uso do pêndulo exige **foco e paciência**. Para obter respostas precisas, o praticante precisa manter sua mente calma e evitar distrações. Isso é especialmente importante em ambientes com muitas pessoas ou objetos, onde as energias podem interferir nos movimentos do pêndulo. Alguns praticantes preferem realizar suas leituras em ambientes tranquilos e limpos, onde possam se concentrar plenamente nas perguntas e nas respostas. Essa prática de foco reforça a disciplina e o controle mental, qualidades essenciais para o sucesso em qualquer prática mágica.

Em última análise, o trabalho com o pêndulo é uma prática de **conexão profunda com a intuição e com o campo energético**. Mais do que um simples movimento de um objeto, o pêndulo atua como um espelho das vibrações internas do praticante e do ambiente. Cada leitura é uma oportunidade de autoconhecimento e de fortalecimento espiritual, onde o wiccano aprende a confiar em sua própria percepção e a entender o universo como um fluxo de energias em constante interação.

Ao dominar o uso do pêndulo, o wiccano amplia sua capacidade de acessar respostas e insights, criando uma ponte entre o mundo visível e as forças invisíveis que o cercam. O pêndulo torna-se um aliado sagrado, um guia que revela verdades e ajuda o praticante a navegar pelas complexidades da vida com confiança e sabedoria.

Capítulo 37
Xamanismo Wiccano

O xamanismo wiccano é uma prática espiritual que combina elementos da Wicca com tradições xamânicas antigas, criando uma ponte entre o mundo físico e os reinos espirituais através da comunhão com a natureza e o trabalho direto com energias espirituais. Essa fusão respeita os fundamentos da Wicca, como a reverência pelos ciclos naturais e a veneração do Deus e da Deusa, ao mesmo tempo em que incorpora práticas xamânicas de conexão com os espíritos da natureza, jornada espiritual e cura energética. O xamanismo wiccano permite ao praticante explorar dimensões mais profundas da realidade e desenvolver uma compreensão holística e mística de sua relação com o universo.

Uma das práticas centrais do xamanismo wiccano é a **jornada espiritual**, um processo onde o praticante entra em um estado de consciência alterado para se conectar com guias espirituais, animais de poder e reinos invisíveis. A jornada é geralmente facilitada por ritmos de tambor ou por técnicas de respiração, que induzem um estado de relaxamento profundo e uma abertura espiritual. Nessa jornada, o wiccano pode encontrar seus aliados espirituais e explorar mundos superiores, intermediários e inferiores, cada um representando um nível de realidade com energias e seres específicos. A prática da jornada permite que ele receba ensinamentos, visões e orientações que ajudam a alinhar seu caminho com as verdades espirituais mais elevadas.

O **animal de poder** é um dos guias mais importantes na prática xamânica, pois atua como um protetor, um conselheiro e um reflexo das qualidades do praticante. Ao embarcar em uma jornada, o wiccano pode encontrar seu animal de poder, que se manifesta em sua forma animal e traz ensinamentos e símbolos específicos. Cada animal tem atributos únicos — o lobo representa lealdade e coragem; o corvo, mistério e transformação; o falcão, visão e clareza. Trabalhar com o animal de poder permite ao wiccano desenvolver suas próprias forças e compreender aspectos de sua personalidade e de seu caminho espiritual que talvez estivessem adormecidos.

Além do animal de poder, o xamanismo wiccano ensina a **conexão com os espíritos da natureza**, ou elementais. Esses espíritos são manifestações energéticas dos elementos — Terra, Ar, Fogo e Água — e habitam o mundo natural, como florestas, montanhas, rios e cavernas. O wiccano invoca os elementais para estabelecer uma relação de respeito e harmonia com a natureza, pedindo proteção e orientação. Trabalhar com esses espíritos traz equilíbrio e enraizamento, e o praticante aprende a respeitar e a cuidar do mundo ao seu redor, reconhecendo que ele faz parte de um ecossistema sagrado.

O **trabalho com plantas e ervas** é fundamental no xamanismo wiccano, pois as plantas são consideradas guardiãs de sabedoria e de cura. Cada planta tem um espírito próprio, e o praticante busca conhecer suas propriedades e sua energia antes de utilizá-la em rituais ou feitiços. Através da meditação e da comunicação intuitiva, o wiccano conecta-se com o espírito de cada erva, como a sálvia para purificação, o alecrim para proteção e a lavanda para cura. Preparar infusões, defumações e unguentos são formas de utilizar o poder das plantas e de honrar a generosidade da Terra, promovendo a cura física e espiritual.

Ritmos e sons desempenham um papel importante na prática xamânica, pois são ferramentas que auxiliam na mudança de consciência e na harmonização da energia. O tambor xamânico, por exemplo, é usado para facilitar a jornada espiritual e para invocar o poder dos elementos e dos espíritos aliados. O som do tambor ressoa com o ritmo do coração, criando uma frequência que induz ao estado alterado de consciência. Cânticos, chocalhos e flautas também são utilizados para elevar a energia e para estabelecer uma comunicação direta com o mundo espiritual. Esses sons não apenas conectam o praticante com seu próprio centro, mas também o alinham com o pulso da Terra, promovendo uma comunhão profunda e sagrada.

Uma prática avançada no xamanismo wiccano é a **cura energética**, onde o praticante utiliza a energia das mãos, das plantas e dos cristais para remover bloqueios e restaurar o equilíbrio do corpo e da alma. Essa cura é facilitada por guias espirituais e por espíritos de cura que trabalham em conjunto com o wiccano para liberar energias estagnadas e promover a renovação. Em uma sessão de cura, o praticante canaliza energia para as áreas de necessidade, usando as mãos ou instrumentos como penas e cristais. Esse trabalho requer concentração e uma profunda conexão com a intenção de cura, pois o praticante atua como um canal de energia, permitindo que as forças espirituais fluam através dele para curar.

No xamanismo wiccano, o conceito de **realidade múltipla** é fundamental, onde o praticante compreende que existem camadas de existência que coexistem e influenciam sua vida. Essas camadas são geralmente divididas em três mundos: o mundo superior, associado a guias espirituais e mestres; o mundo intermediário, onde habitam os espíritos da natureza e onde ocorrem as experiências humanas; e o mundo inferior, onde reside a sabedoria ancestral e os animais de poder. O wiccano explora esses mundos em suas jornadas para obter orientação, aprender lições importantes e recuperar partes de sua alma que podem ter se perdido devido a traumas ou a experiências passadas.

Rituais de agradecimento e oferendas são essenciais no xamanismo wiccano, pois demonstram respeito e gratidão aos espíritos e às forças naturais. Após receber ajuda ou orientação de um guia espiritual ou de um espírito da natureza, o wiccano oferece símbolos de gratidão, como flores, grãos, ervas ou objetos pessoais. Esses rituais fortalecem o vínculo entre o praticante e o mundo espiritual, mostrando que ele honra e respeita os seres com os quais interage. A oferenda é um ato de reciprocidade, onde o wiccano retribui o auxílio recebido, reconhecendo que o equilíbrio e a harmonia são essenciais para uma relação saudável com o mundo invisível.

O **resgate da alma** é uma prática profunda e curativa dentro do xamanismo wiccano, onde o praticante busca reintegrar partes de sua essência que foram fragmentadas devido a traumas ou experiências difíceis. Através de uma jornada espiritual, ele localiza essas partes perdidas de sua alma e as traz de volta, restaurando seu poder e sua integridade. Esse processo é realizado com o apoio de guias espirituais e é uma forma de cura profunda que promove a reintegração e o fortalecimento do eu. O resgate da alma ensina ao praticante que ele tem o poder de se curar e de se tornar completo novamente, mesmo após passar por desafios intensos.

No xamanismo wiccano, o **alinhamento com as estações e com os ciclos da Terra** é um aspecto central. O praticante vive em harmonia com os ciclos da natureza, celebrando os Sabbats e honrando cada estação como uma fase de transformação e de renascimento. Os rituais e as práticas xamânicas são adaptados para refletir a energia de cada estação, e o wiccano aprende a fluir com as mudanças e a abraçar os ensinamentos de cada período. Esse alinhamento promove uma sensação de pertencimento e de continuidade, onde o praticante reconhece que ele é parte do ciclo eterno de nascimento, crescimento, morte e renascimento.

A prática de **dança sagrada e de movimento** também é incorporada no xamanismo wiccano, onde o praticante usa o corpo como um meio de expressão e de conexão espiritual. A dança sagrada é uma forma de liberar energia e de expressar reverência pelas forças da natureza, permitindo que o wiccano se conecte com seu corpo e com o ritmo da Terra. Movimentos específicos são utilizados para invocar os elementos, para honrar os espíritos ou para celebrar as transformações internas. A dança torna-se um ritual de cura e de manifestação, onde o corpo e a alma se integram em uma dança cósmica de criação e de renovação.

O xamanismo wiccano é, em sua essência, uma prática de **comunhão e de respeito pelo sagrado em todas as coisas**. Cada jornada, cada conexão com os espíritos e cada ritual são formas de aprofundar a relação do wiccano com o universo, reconhecendo que o divino reside em todos os aspectos da criação. Essa prática promove a humildade, a cura e a sabedoria, ensinando que o caminho espiritual é uma jornada de aprendizado constante, onde o praticante é tanto um aprendiz quanto um guardião das energias que moldam o mundo.

Ao adotar o xamanismo wiccano, o praticante não apenas desenvolve habilidades de cura e de comunicação espiritual, mas também cultiva uma compreensão mais ampla de seu propósito e de sua conexão com a Terra e com o cosmos. Essa prática o lembra de que ele é parte de uma teia sagrada de vida, onde cada ser, visível ou invisível, contribui para o equilíbrio e a harmonia do todo.

Capítulo 38
Jornada Interior

A jornada interior é uma prática de autodescoberta e de transformação na Wicca, onde o praticante explora os recessos mais profundos de sua mente e de sua alma, buscando compreensão, cura e alinhamento espiritual. Diferente das práticas externas que utilizam ferramentas e rituais, a jornada interior é um caminho pessoal e introspectivo, uma meditação intensa que permite ao wiccano confrontar suas sombras, fortalecer suas virtudes e explorar as partes ocultas de si mesmo. Este processo não só promove a harmonia interna, mas também amplia o entendimento do praticante sobre sua própria natureza, suas motivações e seu propósito.

Para iniciar essa jornada, o praticante é convidado a **desenvolver técnicas avançadas de meditação**. A meditação profunda permite um estado de relaxamento e de receptividade onde o wiccano pode explorar pensamentos e emoções sem julgamento. Técnicas como a respiração consciente, a visualização e o relaxamento progressivo são úteis para alcançar esse estado. Durante a meditação, o praticante focaliza sua mente em uma imagem, um símbolo ou uma sensação, deixando que suas percepções fluam livremente e que insights surjam de forma espontânea. Esse processo permite o acesso ao inconsciente e abre portas para a introspecção.

Uma prática importante na jornada interior é o **trabalho com o subconsciente**, onde o wiccano examina suas crenças, padrões e experiências passadas. O subconsciente é como uma biblioteca de memórias e emoções que influenciam a vida cotidiana, e o reconhecimento desses conteúdos permite que o praticante compreenda melhor suas reações, medos e aspirações. Para acessar o subconsciente, o praticante pode utilizar técnicas como a escrita automática, onde anota pensamentos e sentimentos sem censura, ou até mesmo trabalhar com símbolos e arquétipos em sonhos. Esses métodos revelam as camadas ocultas do eu e ajudam o wiccano a identificar o que precisa ser transformado ou curado.

A prática de visualizações guiadas é outra ferramenta poderosa para a jornada interior. O praticante cria cenários mentais ou segue roteiros de visualizações que o levam a explorar diferentes partes de si mesmo. Uma visualização comum é a de uma caverna ou de uma floresta, onde ele entra em um ambiente seguro e protegido para encontrar aspectos de sua personalidade, guias espirituais ou até mesmo partes da alma que precisam de atenção. Durante essa viagem interna, o praticante é incentivado a observar o que surge, sem pressa, e a permitir que as imagens e os símbolos revelem seus significados. Esse tipo de trabalho ajuda o wiccano a explorar e a integrar aspectos profundos de si mesmo.

Outro aspecto essencial da jornada interior é o **trabalho com a sombra**, que envolve o confronto e a aceitação dos aspectos menos conscientes ou reprimidos do eu. A sombra é composta de traços, emoções e desejos que, por serem considerados indesejáveis ou inadequados, são relegados ao inconsciente. Ao confrontar a sombra, o praticante não tenta eliminá-la, mas sim compreendê-la e integrá-la, reconhecendo que cada parte de sua personalidade tem uma razão de ser e uma lição a ensinar. Esse processo promove a cura emocional e permite que o wiccano se torne um ser mais completo e equilibrado.

O diálogo interno e a auto-observação são práticas valiosas na jornada interior. O diálogo interno envolve conversar com diferentes partes de si mesmo, questionando motivações, sentimentos e pensamentos para obter uma compreensão mais clara de suas raízes. Essa prática é especialmente útil para identificar padrões de autossabotagem ou de crenças limitantes. A auto-observação, por sua vez, é a prática de estar consciente de suas próprias ações e reações, observando-as de forma neutra e analítica. Ao desenvolver essa consciência, o praticante torna-se mais capaz de agir de acordo com seu verdadeiro eu, em vez de reagir impulsivamente aos desafios externos.

A **cura de feridas emocionais** é uma etapa significativa da jornada interior. Ao longo da vida, o praticante acumula experiências que podem gerar bloqueios emocionais e espirituais. Esses bloqueios muitas vezes interferem na capacidade de avançar ou de alcançar paz interior. A cura emocional envolve reconhecer essas feridas, processar as emoções associadas e liberar qualquer ressentimento ou dor que ainda esteja presente. O wiccano pode utilizar a visualização para enviar luz e cura a essas áreas de sua vida, ou até mesmo realizar rituais pessoais onde ele simbolicamente libera esses pesos. Esse processo libera energia estagnada, permitindo que o praticante avance em seu caminho com mais leveza e clareza.

Os símbolos arquetípicos são uma linguagem poderosa na jornada interior, pois representam forças universais que atuam dentro de cada pessoa. Ao trabalhar com arquétipos, o praticante identifica aspectos de sua psique que refletem qualidades como o Herói, o Sábio, a Sacerdotisa ou o Guerreiro. Cada arquétipo oferece uma sabedoria específica e ajuda o wiccano a compreender os papéis que desempenha em sua vida e as lições que está sendo chamado a aprender. Meditar sobre esses arquétipos, explorando suas forças e seus desafios, permite ao praticante descobrir quais energias ele precisa desenvolver ou equilibrar em sua vida.

A prática do perdão, tanto em relação a si mesmo quanto aos outros, é uma parte crucial da jornada interior. Ao perdoar a si mesmo, o wiccano libera o peso de julgamentos e arrependimentos que podem ter se acumulado ao longo do tempo. Esse processo é libertador e permite que ele aceite suas falhas e erros como parte de seu crescimento. Da mesma forma, o perdão aos outros permite que o praticante libere vínculos emocionais e energéticos que o prendem ao passado. Através do perdão, ele encontra paz e cria espaço para novas experiências e relacionamentos.

A integração da jornada interior com a prática mágica é essencial. Os insights e as revelações obtidos durante a introspecção podem ser incorporados em rituais e feitiços para promover a cura, o autoconhecimento e a transformação pessoal. Por exemplo, ao reconhecer uma limitação ou uma crença negativa, o praticante pode realizar um ritual de banimento para liberar essa energia. Da mesma forma, ao identificar uma qualidade que deseja desenvolver, ele pode criar um feitiço para fortalecer essa característica em sua vida. Integrar a jornada interior com a prática mágica torna a experiência mais concreta e poderosa, permitindo que as transformações internas se manifestem no mundo externo.

Para aqueles que buscam uma **guia ou um diário da jornada**, manter um registro escrito é uma prática valiosa. O diário é onde o praticante anota seus pensamentos, sonhos, insights e progressos, criando um registro de sua evolução. Revisitar essas anotações permite que o wiccano observe padrões, reconheça os momentos de crescimento e veja como as experiências passadas moldaram seu caminho. O diário é um companheiro silencioso e um reflexo da jornada, ajudando o praticante a manter a continuidade de seu processo de autodescoberta.

No coração da jornada interior, o praticante descobre que **o verdadeiro conhecimento é aquele que vem de dentro**. Esse processo o ensina que ele já possui, dentro de si, as respostas e a sabedoria de que precisa. As práticas e os métodos servem como guias e facilitadores, mas é através da escuta interna e da confiança em sua própria intuição que ele encontra o caminho para a paz, para a clareza e para a harmonia espiritual. A jornada interior é uma celebração de sua essência, uma dança entre luz e sombra, onde o praticante aprende a abraçar cada aspecto de si mesmo com amor e aceitação.

Ao embarcar nessa jornada, o wiccano encontra a verdadeira força e a autenticidade. Ele reconhece que a jornada interior é contínua e que cada descoberta leva a uma nova camada de aprendizado e de autoconhecimento. Essa prática não apenas o aproxima do divino dentro de si, mas também o prepara para interagir com o mundo de maneira mais sábia e compassiva, levando sua compreensão espiritual para todas as áreas de sua vida.

Capítulo 39
Espíritos Naturais

Na Wicca, os espíritos naturais — também conhecidos como elementais ou espíritos da natureza — são considerados guardiões e manifestações vivas dos elementos que compõem o mundo ao nosso redor: Terra, Ar, Fogo e Água. Esses seres sutis habitam florestas, rios, montanhas e ventos, agindo como guardiões das forças naturais e como pontos de contato entre o mundo físico e o espiritual. A prática wiccana envolve não apenas o respeito e a veneração por esses espíritos, mas também o desenvolvimento de uma conexão com eles, para que o praticante possa alinhar-se com as energias da natureza e honrar o equilíbrio essencial entre o ser humano e o ambiente que o sustenta.

Os gnomos são os espíritos elementais associados ao elemento Terra e habitam as profundezas do solo, cavernas e locais onde a natureza está em repouso. Representam a estabilidade, a fertilidade e o crescimento, sendo protetores dos minerais, cristais e da energia de sustentação da vida. Trabalhar com gnomos permite ao wiccano sentir-se enraizado e conectado ao solo, aumentando sua capacidade de prosperar e de encontrar segurança em si mesmo. Em rituais e feitiços de prosperidade e proteção, o praticante pode invocar os gnomos para abençoar o espaço e para atrair recursos. Essa conexão também promove a paciência e a resistência, qualidades que os gnomos simbolizam, lembrando ao praticante que cada crescimento precisa de um tempo adequado para florescer.

As ondinas são espíritos do elemento Água e habitam rios, lagos, mares e nascentes. Elas representam a fluidez, a intuição e o poder de cura emocional, trazendo ao praticante uma conexão profunda com suas emoções e com as correntes subconscientes de sua mente. Invocar as ondinas em rituais de purificação e de cura permite ao wiccano liberar tensões emocionais e nutrir seu lado intuitivo. Elas ajudam a trazer à tona emoções ocultas, permitindo que o praticante trabalhe o autoconhecimento e alcance um equilíbrio interno. Em meditações próximas à água ou utilizando recipientes com água no altar, o wiccano pode se comunicar com as ondinas, pedindo a elas que purifiquem sua alma e renovem sua energia.

As salamandras são os espíritos elementais do Fogo, energias vibrantes e intensas que simbolizam a paixão, a coragem e a transformação. Elas habitam vulcões, chamas e até mesmo o calor do sol. As salamandras são invocadas quando o praticante busca despertar sua força de vontade, aumentar sua coragem ou transformar aspectos da vida que precisam de renovação. Elas são energias rápidas e dinâmicas, associadas à criação e à destruição, pois assim como o fogo destrói, ele também purifica e cria novas possibilidades. O wiccano pode invocar as salamandras ao acender velas e ao realizar feitiços de motivação, pedindo que o elemento Fogo impulsione suas intenções e queime bloqueios que o impedem de seguir em frente.

Os silfos são os espíritos do elemento Ar e habitam os ventos, as brisas e as alturas das montanhas. Representam a inspiração, a sabedoria e o movimento mental. Trabalhar com os silfos permite ao wiccano abrir-se para novos pensamentos e novas perspectivas, encontrando clareza e criatividade. Eles são mestres da comunicação e ajudam o praticante a compreender melhor os próprios pensamentos e a expressar-se de maneira eficaz. Em rituais de estudo, meditação ou resolução de problemas, o wiccano pode invocar os silfos, pedindo que tragam inspiração e visão para encontrar as respostas que busca. Eles representam a liberdade e a leveza, incentivando o praticante a se desapegar de preocupações que limitam sua expressão.

Além dos quatro principais espíritos elementais, existem também **outros espíritos naturais**, como as fadas, os elfos e os devas, que representam forças mais sutis e específicas da natureza. Esses seres habitam florestas, flores e jardins, e cada um possui uma função e uma energia particular. As fadas, por exemplo, são conhecidas por seu caráter lúdico e misterioso, e são associadas ao crescimento das plantas e à harmonia entre os reinos. O wiccano que deseja atrair a energia das fadas para o jardim ou para o lar pode oferecer pequenos presentes, como flores, frutas ou cristais, em um canto especial. Essa prática cria uma conexão com os seres invisíveis que cuidam do ambiente natural, fortalecendo o vínculo entre o praticante e a natureza.

A **comunicação com os espíritos da natureza** exige respeito, paciência e uma atitude de reciprocidade. O wiccano não busca controlar ou manipular esses seres, mas sim formar uma relação de respeito mútuo. Ao visitar uma floresta ou um rio, o praticante pode fazer uma breve invocação ou simplesmente mentalizar uma saudação aos espíritos presentes, pedindo permissão para estar naquele lugar. Esse gesto mostra reverência e abre as portas para uma comunicação mais profunda. O wiccano também pode ouvir e observar atentamente a natureza ao seu redor, permitindo que os espíritos naturais se comuniquem através de sinais sutis, como o movimento das folhas, o voo de um pássaro ou a vibração de uma brisa repentina.

Em práticas rituais, o wiccano pode criar **espaços sagrados na natureza** para homenagear os espíritos naturais. Um altar ao ar livre, uma mandala de pedras ou uma pequena oferenda de grãos e frutas são maneiras de mostrar gratidão e de celebrar a presença desses seres. Os rituais em ambientes naturais intensificam a conexão com os elementais, pois permitem que o praticante esteja imerso nas energias da Terra, do Ar, do Fogo e da Água. Além disso, esses rituais honram o ciclo natural e reforçam o compromisso do wiccano em preservar e proteger o mundo natural.

Para **desenvolver a percepção e a sensibilidade** à presença dos espíritos naturais, o wiccano pode realizar meditações específicas para cada elemento. Por exemplo, ao trabalhar com a Terra, ele pode sentar-se ao ar livre, com os pés descalços no chão, e sentir a força e a estabilidade do solo. Para o Ar, ele pode meditar ao vento, respirando profundamente e deixando que os pensamentos se dissipem, sentindo a leveza e a liberdade do movimento. Esses exercícios ajudam o praticante a sintonizar-se com as qualidades de cada elemento e a reconhecer a presença dos espíritos que os habitam.

O **trabalho com sonhos e visões** é outro método de contato com os espíritos da natureza, pois muitas vezes esses seres aparecem em sonhos, trazendo mensagens ou orientações simbólicas. O wiccano pode pedir aos elementais que revelem algo importante através dos sonhos ou que o guiem em uma questão específica. Manter um diário de sonhos é uma prática útil, pois permite que o praticante registre e interprete qualquer mensagem ou símbolo que possa surgir, ajudando-o a integrar esses insights em sua vida cotidiana.

Os espíritos naturais ensinam o wiccano a viver em harmonia com o mundo ao seu redor e a ver o divino em cada aspecto da natureza. Ao aprender com os gnomos, as ondinas, as salamandras e os silfos, o praticante entende que cada elemento tem seu papel e sua importância, e que o equilíbrio entre eles é essencial para o bem-estar do planeta e de todos os seres vivos. Esses espíritos lembram o wiccano da interdependência entre todos os seres e da necessidade de proteger e de cuidar da Terra, que é o lar de uma vasta e sagrada comunidade de vidas.

A relação do wiccano com os espíritos naturais não é uma prática esporádica, mas uma **parceria contínua** que o acompanha em todos os momentos de sua vida. Em cada estação, cada Sabbat e cada ritual, ele honra essas forças e renova seu compromisso de respeito e de preservação da natureza. Essa conexão profunda o fortalece e o inspira, lembrando-o de que ele é um guardião da Terra e um colaborador das energias que sustentam a vida.

A interação com os espíritos naturais proporciona ao wiccano uma experiência de espiritualidade viva e conectada, onde ele não apenas observa, mas participa ativamente da dança da vida. A presença desses espíritos, com sua sabedoria e poder, é um lembrete constante de que o mundo ao nosso redor é sagrado e que cada ser, visível ou invisível, é parte de uma rede interligada de amor e de energia.

Capítulo 40
Ancestralidade Sagrada

Na Wicca, a ancestralidade é reverenciada como uma fonte vital de sabedoria, proteção e identidade. Honrar os ancestrais é reconhecer as raízes espirituais e culturais que sustentam o praticante, conectando-o às gerações que vieram antes e às tradições que moldaram sua existência. A ancestralidade sagrada não se limita apenas aos laços familiares de sangue; ela abrange também os antepassados espirituais e culturais, aqueles que compartilharam conhecimentos e práticas que influenciam a vida e a espiritualidade do wiccano. Essa prática oferece uma conexão profunda com a linhagem da Terra e do espírito, ampliando a compreensão sobre a própria identidade e fortalecendo a relação com o universo.

Um dos elementos centrais na prática da ancestralidade sagrada é a **criação de um altar ancestral**. Esse altar é um espaço dedicado ao respeito e à lembrança dos antepassados, onde o praticante coloca fotos, objetos, velas e oferendas em homenagem a eles. O altar pode conter elementos que representem a história e as tradições familiares, como peças de herança, pedras, flores ou até mesmo pratos de comida que simbolizam a generosidade e a gratidão. Este espaço não é apenas um local de veneração, mas um canal para comunicar-se com os ancestrais, pedindo-lhes orientação e proteção. O altar ancestral reforça a conexão espiritual e funciona como um lembrete constante das lições e da força transmitidas por aqueles que vieram antes.

A **conexão com os ancestrais** pode ser intensificada através de rituais específicos e de meditações focadas. O wiccano inicia o ritual com uma invocação respeitosa, chamando seus ancestrais pelo nome ou pelo sentimento de pertencimento, expressando gratidão e pedindo sabedoria. Para muitos, essa prática envolve acender uma vela ou incenso e se sentar em silêncio, permitindo que as imagens e as mensagens dos ancestrais venham à mente. O praticante pode então fazer perguntas ou simplesmente abrir seu coração para ouvir qualquer orientação. Esses momentos de introspecção e de diálogo silencioso fortalecem a relação e permitem que o praticante se sinta apoiado em sua jornada.

Oferendas e tributos aos ancestrais são uma parte fundamental da ancestralidade sagrada. As oferendas variam de acordo com as tradições pessoais e os ensinamentos familiares, mas geralmente incluem alimentos, bebidas, flores e ervas. O ato de oferecer é uma demonstração de respeito e de gratidão, onde o wiccano reconhece que suas forças, habilidades e sabedoria são heranças transmitidas ao longo das gerações. Ao fazer uma oferenda, o praticante diz aos seus ancestrais que honra suas vidas e suas lutas, e que busca manter viva a chama de seu legado. Oferendas podem ser feitas em dias especiais, como aniversários de falecimento, Sabbats ou momentos em que o praticante sente necessidade de agradecimento ou de auxílio.

As histórias e memórias familiares são outros elementos que nutrem a conexão ancestral. O wiccano pode investigar sua história familiar, coletando relatos, fotos e objetos que reflitam a vida de seus antepassados. Ao conhecer suas histórias, o praticante ganha uma compreensão mais profunda das influências que moldaram sua família e de como essas histórias ressoam em sua própria vida. Essas memórias ajudam a manter viva a presença dos ancestrais e proporcionam uma sensação de continuidade, lembrando o wiccano de que ele é parte de uma linhagem maior e de que carrega as esperanças e os sonhos daqueles que o precederam.

No contexto da Wicca, a **ancestralidade espiritual** é igualmente importante. Além dos ancestrais de sangue, existem aqueles que deixaram um legado espiritual e cultural que influencia a prática wiccana moderna, como antigos sábios, curandeiros e praticantes das artes mágicas. Honrar esses ancestrais espirituais é uma forma de reconhecer e respeitar os ensinamentos e a sabedoria que foram transmitidos através das eras. O praticante pode dedicar uma parte de seu altar ancestral para homenagear essas figuras, incluindo símbolos que representem seus ensinamentos e suas contribuições para o conhecimento espiritual. Esse ato de respeito fortalece a linhagem espiritual e inspira o wiccano a manter viva a chama da sabedoria ancestral.

A celebração dos Sabbats e Esbats é uma oportunidade ideal para o wiccano honrar seus ancestrais. Esses festivais marcam os ciclos naturais e espirituais, e cada celebração é um momento para reconhecer as forças da natureza e para agradecer aos antepassados que também celebraram e honraram esses ciclos. Durante os Sabbats, o praticante pode acender uma vela em homenagem aos ancestrais ou incluir uma oração especial em sua celebração. Essa prática lembra o wiccano de que, ao celebrar os ciclos da Terra, ele está em harmonia com uma tradição que transcende o tempo, unindo-o àqueles que trilharam o caminho antes dele.

O trabalho com sonhos e visões é outro método valioso para se conectar com os ancestrais. Muitos acreditam que os sonhos são uma porta para o reino dos espíritos, onde os ancestrais podem aparecer para compartilhar mensagens e orientação. O wiccano pode pedir aos seus ancestrais que se revelem em sonhos, trazendo insights e conforto para sua jornada. Manter um diário de sonhos permite que o praticante registre e analise qualquer mensagem recebida, observando como essas comunicações se aplicam à sua vida. Esse contato onírico é uma maneira sutil e poderosa de fortalecer o vínculo com os ancestrais, oferecendo consolo e orientação nos momentos de necessidade.

A prática de genealogia espiritual é outra forma de explorar e fortalecer a conexão ancestral. O wiccano investiga as tradições espirituais e culturais de seus antepassados, descobrindo rituais, símbolos e práticas que podem ser incorporados em sua própria espiritualidade. Ao honrar as tradições de seus ancestrais, o praticante encontra uma forma de integrar esses conhecimentos em sua vida, preservando e celebrando seu legado cultural. Essa prática pode envolver a adaptação de certos rituais para refletir a vida contemporânea, mantendo a essência das tradições ancestrais vivas e relevantes para o mundo moderno.

A jornada guiada ou a meditação de encontro com os ancestrais é uma técnica introspectiva que permite ao praticante estabelecer uma conexão direta com seus antepassados. Durante essa meditação, o wiccano visualiza-se em um lugar seguro e sagrado, como uma floresta, uma praia ou uma montanha, e pede que os ancestrais apareçam. Ele pode visualizar um círculo de antepassados ao seu redor ou uma figura específica que se aproxima para lhe oferecer apoio. Esse encontro meditativo permite que o praticante obtenha respostas para questões pessoais e fortaleça o vínculo com aqueles que o protegem espiritualmente.

A **cura ancestral** é uma prática profunda e transformadora na ancestralidade sagrada, onde o wiccano trabalha para curar padrões e traumas herdados de seus antepassados. Muitas vezes, dores e desafios são transmitidos através das gerações, e o praticante, ao identificar e trabalhar esses padrões, consegue liberar a si mesmo e às futuras gerações de limitações e de feridas antigas. Esse processo envolve a compreensão dos desafios que seus ancestrais enfrentaram e a aplicação de técnicas de cura, como o perdão, a meditação e o trabalho energético, para transformar essa herança. A cura ancestral é uma forma de honrar os antepassados, permitindo que suas histórias se tornem lições de superação e força.

A ancestralidade sagrada ensina ao wiccano que ele não caminha sozinho e que cada passo que dá é apoiado por uma linhagem de vidas e de experiências. Essa conexão não apenas fortalece sua prática espiritual, mas também lhe proporciona uma base sólida de identidade e propósito. Honrar os ancestrais é um ato de respeito e de gratidão, onde o praticante reconhece que é o fruto de muitas gerações e que carrega consigo a esperança e a sabedoria daqueles que vieram antes.

    A prática da ancestralidade sagrada inspira o wiccano a viver com mais consciência e responsabilidade, sabendo que suas ações e decisões também impactarão aqueles que virão depois dele. Ao honrar seus ancestrais, o praticante transforma sua própria vida em um tributo àqueles que abriram o caminho e em um legado para as gerações futuras.

Capítulo 41
Rituais Grupais

Rituais grupais na Wicca são celebrações que permitem aos praticantes reunir suas energias e intenções em um único ato de comunhão, reverência e poder coletivo. Ao contrário dos rituais individuais, onde o foco é a introspecção e a conexão pessoal com o divino, os rituais grupais amplificam a energia de cada participante, criando uma força sinérgica que eleva a experiência espiritual de todos. Conduzir um ritual em grupo exige preparação cuidadosa, respeito às diferenças individuais e uma habilidade em harmonizar diversas energias em um objetivo comum, seja ele de celebração, cura, proteção ou consagração.

Ao organizar um ritual grupal, o primeiro passo é **definir a intenção coletiva**. Essa intenção é o propósito central que unirá todos os participantes em uma ação conjunta, e pode variar desde a celebração de um Sabbat até a proteção de um local sagrado. Ao determinar a intenção, os participantes têm um ponto de foco e de unidade, onde cada pessoa direciona sua energia para um objetivo compartilhado. O organizador do ritual pode discutir previamente essa intenção com o grupo, garantindo que todos compreendam e se alinhem com o propósito da celebração.

O planejamento do espaço e do altar é um aspecto crucial no ritual grupal. O espaço deve ser cuidadosamente preparado para acomodar todos os participantes e permitir que eles se movam livremente sem interromper o fluxo de energia. Em rituais ao ar livre, é comum escolher um local sagrado na natureza, como uma clareira, uma praia ou um bosque, enquanto em ambientes internos, o espaço é organizado para criar uma atmosfera sagrada, com decoração e iluminação adequadas. O altar central é montado com os itens necessários para o ritual, como velas, cristais, representações dos elementos e oferendas, e deve ser posicionado de forma que todos os participantes possam acessá-lo e vê-lo claramente.

A criação do círculo mágico é uma prática essencial para estabelecer um espaço seguro e protegido, onde as energias do grupo possam se manifestar sem interferências externas. O círculo é traçado com o auxílio de um líder ou de todos os participantes, utilizando uma vara, um athame ou até mesmo visualizações conjuntas. Durante a criação do círculo, os participantes invocam os quatro elementos e seus respectivos guardiões, pedindo proteção e orientação. Ao traçar o círculo, o grupo estabelece uma barreira espiritual que une todos em um espaço sagrado, isolando o ritual do mundo exterior e fortalecendo a energia coletiva.

A divisão de papéis no ritual é fundamental para garantir uma experiência harmoniosa e bem coordenada. Em rituais grupais, é comum que alguns participantes assumam funções específicas, como o líder do ritual, que guia os passos e as orações; o sacerdote ou sacerdotisa, que invoca as deidades e os elementos; e os guardiões, que protegem o círculo e mantêm a energia estável. A divisão de papéis permite que cada pessoa contribua com sua energia única e sinta-se parte ativa do ritual. Essa colaboração fortalece a coesão do grupo e incentiva uma participação plena e significativa.

A invocação de deidades e de espíritos protetores é realizada com a intenção de trazer ao círculo a presença e a bênção das forças divinas e espirituais. O líder do ritual ou o sacerdote/sacerdotisa pronuncia invocações com palavras sagradas, convidando os deuses, deusas e guardiões espirituais a estarem presentes e a guiar o ritual. Os participantes, em comunhão, unem suas vozes ou mantêm-se em silêncio reverente, abrindo seus corações para a conexão espiritual. Essa invocação cria um campo de energia onde todos sentem a presença sagrada e se alinham com o propósito divino, fortalecendo o elo entre o grupo e o plano espiritual.

Em muitos rituais grupais, **a dança e o canto** são usados para elevar e concentrar a energia. A dança circular, onde todos se movem em harmonia ao redor do altar, é uma prática poderosa para fortalecer a união e a sintonia entre os participantes. Cânticos tradicionais ou improvisados são entoados para invocar energias e para celebrar a presença divina. Essas práticas de movimento e de som liberam a energia coletiva e criam uma atmosfera de celebração e de reverência. A dança e o canto permitem que cada participante expresse sua devoção de maneira vibrante e criativa, e o ritmo compartilhado transforma o ritual em uma experiência unificadora.

O uso de objetos compartilhados, como o cálice, a athame ou a varinha, simboliza a união do grupo e a fusão das energias individuais em uma única intenção. Esses objetos sagrados circulam entre os participantes, que os seguram com respeito e os carregam com sua própria energia antes de passá-los adiante. A cada pessoa que toca o objeto, a energia do grupo cresce e se fortalece. O cálice, por exemplo, pode ser preenchido com vinho ou com água e compartilhado como símbolo de união, onde cada participante toma um gole em sinal de comunhão e de partilha espiritual.

A realização de uma ação mágica coletiva é o ápice do ritual grupal, onde todos direcionam suas energias para um único propósito. Essa ação pode ser a queima de um papel onde foram escritas intenções, a visualização de uma luz protetora envolvendo o grupo ou até mesmo a criação de um amuleto coletivo. Cada participante contribui com sua própria energia, visualizando o resultado desejado e confiando no poder do grupo para manifestar o objetivo. Esse momento de união e de intenção concentrada é uma experiência profundamente poderosa e inspira um sentimento de coesão e de propósito compartilhado.

O banimento e o fechamento do círculo marcam o fim do ritual, e é importante que o grupo finalize o trabalho com respeito e gratidão. O líder ou sacerdote desfaz o círculo com um gesto simbólico, enquanto todos agradecem aos elementos e às deidades invocadas, despedindo-se com gratidão. Esse encerramento formal libera a energia do grupo e desfaz as barreiras espirituais, permitindo que cada participante retorne ao mundo exterior de forma segura e equilibrada. O banimento protege o grupo de energias residuais e preserva a harmonia entre os participantes.

Após o ritual, muitos grupos realizam um **compartilhamento de alimentos e de bebidas** em uma prática conhecida como "festim", onde cada pessoa traz algo para compartilhar com os demais. Esse momento de celebração é uma continuação da comunhão espiritual e permite que os participantes discutam suas experiências, troquem impressões e fortaleçam laços de amizade. O ato de partilhar o alimento simboliza o vínculo do grupo e cria um ambiente acolhedor, onde cada pessoa sente-se valorizada e apoiada.

Rituais grupais na Wicca são experiências de profunda transformação, pois permitem que os praticantes sintam o poder de sua conexão mútua e a força da união espiritual. Cada participante traz sua própria energia, que se funde em um todo harmonioso, criando uma vibração coletiva que amplifica o poder mágico e espiritual do ritual. Ao participar de um ritual grupal, o wiccano não apenas fortalece sua própria prática, mas também contribui para a comunidade, tornando-se parte de uma teia maior de crescimento e de aprendizado.

Para aqueles que praticam regularmente em grupo, esses rituais tornam-se momentos sagrados que criam uma base de apoio e de desenvolvimento espiritual. A troca de energias e de experiências aprofunda a compreensão do praticante sobre si mesmo e sobre os outros, e cada ritual grupal é uma oportunidade de reforçar o compromisso com o caminho wiccano e com a jornada espiritual coletiva.

Capítulo 42
Magia Planetária

A magia planetária é uma prática que explora as influências dos corpos celestes e suas energias no mundo espiritual e físico. Na Wicca, os planetas são vistos como poderosos emissores de energia que afetam a Terra e a vida de todos os seres. Cada planeta carrega uma vibração única, que influencia áreas específicas da vida, como amor, prosperidade, saúde, comunicação e transformação. O praticante da magia planetária utiliza essas energias para direcionar suas intenções e potencializar feitiços, rituais e meditações, harmonizando-se com o cosmos e com as forças que atuam no universo.

A **compreensão das energias de cada planeta** é essencial para o trabalho com magia planetária. Cada um possui correspondências específicas que refletem sua influência arquetípica:

Sol: Representa vitalidade, identidade, sucesso e poder pessoal. Trabalhar com o Sol é buscar brilho e propósito, ideal para feitiços que promovem autoconfiança e crescimento.

Lua: Simboliza emoções, intuição e o inconsciente. A Lua rege rituais de cura emocional, sonhos e proteção, sendo fundamental para quem busca conexão com o feminino sagrado e a receptividade.

Mercúrio: Governa a comunicação, o intelecto e o movimento. Ideal para feitiços de clareza mental, estudos e resolução de conflitos, Mercúrio é útil para expandir o entendimento e fortalecer a comunicação.

Vênus: Relacionado ao amor, beleza e harmonia. Feitiços de atração, criatividade e paz são favorecidos sob a influência de Vênus, que evoca o desejo e a arte da diplomacia.

Marte: Simboliza força, coragem e ação. Marte é poderoso para trabalhos de proteção, coragem e conquista, ajudando a canalizar a determinação e a vitalidade.

Júpiter: Regente da expansão, da sorte e do crescimento espiritual. Rituais de prosperidade e sabedoria são intensificados por Júpiter, que traz abundância e ampliação de perspectivas.

Saturno: Relacionado à disciplina, estrutura e maturidade. Saturno favorece rituais que exigem paciência e estabilidade, auxiliando no fortalecimento de limites e no aprendizado de lições.

Urano: Representa inovação, mudança e liberdade. Ideal para rituais de quebra de padrões, Urano inspira o praticante a abraçar o novo e a estimular a criatividade.

Netuno: Simboliza intuição profunda, espiritualidade e sonhos. Rituais de magia visionária e meditações profundas são intensificados por Netuno, que oferece uma abertura para o místico.

Plutão: Relacionado à transformação, renascimento e poder oculto. Ideal para rituais de cura e transmutação, Plutão ajuda a trabalhar com mudanças profundas e com o desapego de velhos padrões.

A prática da magia planetária começa com a **sincronia dos feitiços e rituais aos dias e horários correspondentes a cada planeta**. Cada planeta rege um dia específico da semana e certas horas do dia, proporcionando um tempo mais potente para rituais relacionados à sua energia. Por exemplo, domingo, dia regido pelo Sol, é ideal para rituais de vitalidade e de sucesso, enquanto sexta-feira, dia de Vênus, favorece feitiços de amor e de harmonia. O praticante pode consultar tabelas planetárias, conhecidas como horas planetárias, para encontrar os momentos mais adequados para cada trabalho mágico.

A criação de talismãs planetários é uma prática popular na magia planetária. Esses talismãs são objetos consagrados e carregados com a energia de um planeta específico, destinados a atrair ou amplificar suas qualidades. Um talismã de Marte, por exemplo, pode ser feito em metal ou em pedra associada ao planeta, como a hematita, e carregado em um ritual de força e de proteção. O praticante escolhe os símbolos e as cores correspondentes ao planeta, grava ou desenha sobre o talismã, e consagra-o sob a regência do planeta para garantir sua eficácia. Esses talismãs são carregados consigo ou colocados em espaços onde a energia planetária seja desejada.

A **visualização e a meditação planetária** são métodos de conexão direta com as energias dos planetas. O praticante entra em um estado de relaxamento e visualiza o planeta escolhido, imaginando-o em detalhes e sintonizando-se com suas vibrações. Essa prática fortalece o elo entre o praticante e o planeta, permitindo que ele sinta sua presença e suas influências de maneira mais pessoal. Ao meditar sobre Marte, por exemplo, o wiccano pode visualizar uma esfera vermelha pulsante de energia, que aumenta sua coragem e determinação. Essas meditações também ajudam a compreender as lições e os desafios que cada planeta traz para o desenvolvimento pessoal.

Altares planetários são espaços sagrados dedicados à conexão com a energia de um planeta específico. O praticante pode montar um altar temporário ou permanente com objetos, velas e símbolos que representem o planeta e suas correspondências. Por exemplo, um altar dedicado a Júpiter pode incluir uma vela azul, cristais como ametista ou lápis-lazúli e imagens de expansão, como árvores ou símbolos de sabedoria. Durante o ritual, o wiccano concentra-se nesse altar, direcionando suas intenções e suas orações ao planeta e pedindo sua bênção para um propósito específico. Esses altares são ideais para rituais de longa duração ou para intenções que requerem apoio contínuo.

A magia planetária pode ser intensificada com o uso de **herbalismo e correspondências botânicas**. Cada planta carrega energias que ressoam com os planetas e podem ser utilizadas para atrair suas influências. O girassol, associado ao Sol, pode ser usado para feitiços de alegria e vitalidade, enquanto a rosa, relacionada a Vênus, favorece o amor e a harmonia. Esses elementos botânicos são incorporados em feitiços, óleos e defumações, reforçando a energia planetária desejada. O uso de óleos essenciais e de incensos com correspondências planetárias durante o ritual potencializa ainda mais a conexão com o planeta.

Cristais planetários também desempenham um papel importante na magia planetária, pois cada pedra possui uma vibração que corresponde à energia de um planeta específico. O rubi, associado a Marte, é um cristal que intensifica a coragem e a determinação, enquanto a ametista, ligada a Júpiter, amplia a sabedoria e a espiritualidade. Esses cristais são posicionados no altar ou carregados consigo durante o ritual, absorvendo e amplificando a energia do planeta. Para rituais de proteção, o praticante pode usar hematita de Saturno, enquanto para intuição e sonhos, pode optar pela água-marinha, que ressoa com a energia de Netuno.

Rituais de lua e Sol são uma expressão especial da magia planetária, já que esses astros são fundamentais na Wicca. A Lua é trabalhada nas diferentes fases, como novos começos na Lua Nova, crescimento na Crescente e desapego na Minguante. Da mesma forma, o Sol é celebrado nos Sabbats sazonais, onde o praticante honra sua jornada anual, da luz ao escuro e de volta ao renascimento. Trabalhar com a Lua e o Sol permite ao wiccano sintonizar-se profundamente com os ciclos naturais e com a energia de renovação e de introspecção.

Por fim, a prática de **astrologia na magia planetária** fornece ao wiccano um mapa detalhado das influências planetárias em sua vida. Através do estudo de seu mapa astral, o praticante identifica as posições dos planetas no momento de seu nascimento e compreende como essas energias moldam sua personalidade, desafios e potencialidades. Ao saber quais planetas são dominantes ou desafiadores em seu mapa, o wiccano pode direcionar sua magia para equilibrar essas forças e trabalhar intencionalmente com as energias planetárias que favoreçam seu desenvolvimento. A astrologia traz uma visão profunda das interações entre o indivíduo e o cosmos, permitindo que o praticante aprenda a navegar com maior clareza e harmonia pelas fases de sua vida.

    A magia planetária ensina ao wiccano a viver em harmonia com os ciclos e as energias cósmicas, lembrando-o de que ele é parte de um universo interligado e cheio de sabedoria. Ao compreender e utilizar as influências planetárias, o praticante aprende a respeitar o fluxo natural das energias e a alinhar sua vida com o cosmos. Trabalhar com a magia planetária é, portanto, um ato de integração e de expansão, onde o wiccano reconhece que o céu e a Terra são reflexos do mesmo poder divino, manifestando-se em cada astro e em cada ritual.

Capítulo 43
Grimório Pessoal

O grimório, também conhecido como Livro das Sombras, é um registro sagrado e pessoal onde o praticante da Wicca documenta seu conhecimento, experiências, rituais e descobertas espirituais. Mais do que um simples caderno de anotações, o grimório é uma extensão do caminho mágico e espiritual do wiccano, uma ferramenta de crescimento e autoconhecimento que reflete o desenvolvimento contínuo de sua prática. Este livro serve não apenas para guardar informações e feitiços, mas também como um companheiro confiável, com o qual o praticante pode aprender, revisar e aprofundar-se na magia e nos mistérios do mundo espiritual.

A criação do grimório começa com a escolha cuidadosa do **formato e do material**. Alguns wiccanos preferem cadernos feitos à mão ou encadernados em couro, buscando uma aparência tradicional e durável, enquanto outros optam por notebooks modernos, onde podem adicionar, reorganizar e personalizar as páginas de forma prática. Independentemente do formato, a escolha do grimório é uma expressão da personalidade e da intenção do praticante. Muitos consagram o livro antes de escrever, realizando um pequeno ritual onde o purificam com ervas, velas e incenso, e afirmam seu propósito sagrado, consagrando-o como um espaço seguro para seu crescimento e aprendizagem espiritual.

O conteúdo do grimório é tão variado quanto a própria prática wiccana. Cada praticante decide o que incluir em seu livro, de acordo com suas necessidades, interesses e experiências.

Geralmente, ele contém anotações sobre os princípios e a ética wiccana, como a Rede Wiccana e o princípio do retorno triplo. O grimório pode também registrar o estudo dos elementos, suas correspondências e as maneiras de trabalhar com cada um em feitiços e rituais. Essas informações formam a base do conhecimento prático, ajudando o wiccano a estruturar sua prática e a compreender os fundamentos de sua conexão com a natureza e com o divino.

Os feitiços e rituais são parte essencial de um grimório. Muitos praticantes anotam seus feitiços favoritos ou criações próprias, detalhando ingredientes, intenções e resultados. Isso permite que eles revisitem essas práticas no futuro e que observem sua eficácia ao longo do tempo. Rituais específicos, como os de celebração dos Sabbats e Esbats, também são registrados, com descrições detalhadas de cada etapa, correspondências e orações. O registro dos rituais não apenas ajuda na memorização, mas também permite que o praticante refine sua prática, ajustando detalhes e aprendendo com suas experiências passadas.

Para aqueles que trabalham com **herbalismo e cristais**, o grimório é um espaço onde documentam os usos mágicos e medicinais das ervas e dos cristais, suas correspondências planetárias e elementos associados. Esse registro inclui desenhos, descrições e anotações sobre as propriedades curativas e espirituais de cada erva e pedra. Essas páginas são constantemente revisadas e atualizadas, conforme o praticante adquire novas experiências e conhecimentos. As ervas e cristais são descritos de acordo com seus usos em rituais de proteção, cura e transformação, fornecendo ao wiccano uma referência prática e direta durante seus trabalhos.

A divinação é outra área do grimório, onde o praticante anota suas leituras, métodos e interpretações. Essa seção pode conter significados das cartas do Tarô, das runas e até técnicas para leitura com o pêndulo. O registro de leituras específicas, como leituras feitas para momentos importantes ou para questões desafiadoras, ajuda o wiccano a observar padrões e a compreender melhor sua própria intuição e os símbolos que surgem em sua prática divinatória. Esses registros tornam-se, ao longo do tempo, uma biblioteca pessoal de insights, que fornece orientação e clareza em momentos de dúvida.

Muitos wiccanos mantêm uma seção no grimório para **mitologia e deidades**, onde anotam histórias e características de deuses e deusas com os quais trabalham. Essa parte do grimório permite que o praticante explore os mitos, símbolos e arquétipos que ressoam com sua espiritualidade, fortalecendo sua conexão com o divino. Descrições de aspectos específicos das deidades, suas preferências e correspondências, além de invocações e orações, são incluídas para facilitar o trabalho com essas energias sagradas durante rituais e momentos de reflexão. Essa seção ajuda o praticante a honrar e a compreender a presença divina em suas diversas formas.

Uma seção importante é a dedicada à **proteção e limpeza**. Nela, o wiccano documenta rituais de proteção, banimentos e métodos de purificação de ambientes, objetos e do próprio corpo. Essas práticas são vitais para manter a energia pessoal e o espaço sagrado em harmonia, livres de influências indesejadas. Ao registrar esses métodos, o praticante cria um recurso confiável para situações em que precise reforçar sua proteção ou restaurar seu equilíbrio energético. Essa seção inclui banhos de ervas, defumações e feitiços de proteção, que podem ser ajustados e adaptados com base nas experiências e na eficácia de cada técnica.

As meditações e jornadas internas também encontram espaço no grimório, onde o wiccano escreve sobre suas experiências e aprendizados em cada prática meditativa. Essas anotações documentam encontros com guias espirituais, animais de poder ou ancestrais e registram insights recebidos durante a jornada interior. Ao reler essas experiências, o praticante pode refletir sobre o crescimento espiritual e observar como suas percepções e conexões evoluíram ao longo do tempo. Essa seção é um lugar de intimidade e de autoconhecimento, onde o wiccano pode rever e aprofundar-se em suas próprias experiências espirituais.

Para aqueles que acompanham os ciclos lunares e os ritmos da natureza, o grimório pode conter **anotações sobre a Roda do Ano e as fases da Lua**. Cada Sabbat e Esbat é registrado com descrições das celebrações, correspondências e observações pessoais sobre as energias presentes em cada estação e fase lunar. Essa seção ajuda o praticante a alinhar sua prática com os ciclos naturais, respeitando as fases de crescimento, maturação e renovação. Ao manter um registro anual, o wiccano pode observar como esses ciclos impactam sua vida e seu desenvolvimento espiritual, adaptando sua prática para melhor fluir com as mudanças da Terra e da Lua.

O grimório também pode incluir **poemas, orações e reflexões pessoais**. Essa parte é um espaço para a criatividade, onde o praticante escreve preces ou versos inspirados, orações para momentos específicos e pensamentos que surgem durante a prática diária. Esses textos são uma forma de expressão espiritual, permitindo que o wiccano articule seus sentimentos e suas visões em palavras. Esse registro ajuda a cultivar uma conexão mais profunda e autêntica com o próprio caminho espiritual, tornando o grimório um reflexo verdadeiro da alma do praticante.

O **gráfico de progresso** é uma prática valiosa para quem deseja monitorar seu crescimento espiritual ao longo do tempo. Nele, o wiccano registra avanços e áreas que gostaria de desenvolver, como intuição, meditação ou habilidades divinatórias. Esse acompanhamento permite que o praticante observe como sua prática se transforma, quais áreas foram fortalecidas e quais ainda precisam de atenção. Através dessa autoavaliação, o wiccano torna-se consciente de sua evolução e das mudanças em sua jornada, reforçando o compromisso com o desenvolvimento contínuo.

Manter um grimório pessoal é um ato de disciplina, devoção e autodescoberta. À medida que o praticante registra suas experiências e conhecimentos, ele constrói um livro vivo que cresce e se transforma com ele, refletindo cada fase de sua jornada espiritual. O grimório é um aliado que permite revisitar o passado, celebrar o presente e planejar o futuro, mantendo a essência do caminho wiccano sempre próxima. Ao longo do tempo, o grimório torna-se uma verdadeira herança espiritual, um legado de sabedoria que representa a própria essência do praticante, repleto de suas intenções, descobertas e aprendizados.

Capítulo 44
Iniciação Formal

A iniciação formal é um marco profundo e transformador na vida de um praticante wiccano, representando seu compromisso espiritual com a Wicca e com os princípios e mistérios que ela ensina. Este ritual de passagem simboliza a aceitação consciente do caminho, onde o praticante não apenas declara sua devoção às deidades e aos ciclos da natureza, mas também se abre para o desenvolvimento espiritual e para as responsabilidades éticas e mágicas. A iniciação formal é um momento de renascimento, onde o wiccano se reconhece como parte de uma linhagem espiritual e de uma tradição sagrada, comprometendo-se a honrar e a preservar o legado da Wicca.

A decisão de passar por uma iniciação formal é profundamente pessoal e requer **preparação e reflexão**. O praticante deve sentir-se pronto para assumir esse compromisso, compreendendo que a iniciação envolve responsabilidade e dedicação. Esse período preparatório é chamado de "noviciado" e pode durar de meses a anos, dependendo da tradição e da prontidão do indivíduo. Durante o noviciado, o wiccano aprofunda seu estudo dos fundamentos da Wicca, das práticas rituais e da ética wiccana, garantindo que ele entre no ritual de iniciação com entendimento e com o coração alinhado aos princípios wiccanos.

Antes do ritual, o praticante realiza uma **purificação espiritual**, uma prática que pode incluir jejuns leves, banhos de ervas e meditações intensas. Essa purificação simboliza o desapego de antigas crenças e de energias que não mais servem ao seu crescimento espiritual. Ao purificar o corpo e a mente, o wiccano se prepara para ser "receptivo" às energias e às bênçãos da iniciação, criando um estado de clareza e de abertura que o ajuda a conectar-se profundamente com o ritual e com o divino. A purificação é um ato de humildade e de renovação, onde o praticante se prepara para receber a sabedoria e as responsabilidades que a iniciação traz.

A **escolha de um local sagrado** é fundamental para o ritual de iniciação. Muitos wiccanos preferem realizar a cerimônia ao ar livre, em contato com a natureza, como em florestas, montanhas ou praias, lugares onde sentem-se próximos aos elementos e à presença do divino. Para outros, um espaço interno consagrado, como o próprio altar, pode oferecer a intimidade e o silêncio necessários. O local é cuidadosamente preparado com símbolos sagrados, como velas, cristais e oferendas, que representam os elementos e as deidades, criando um espaço sagrado onde o praticante pode mergulhar na experiência de comunhão espiritual.

Em muitas tradições, o **candidato à iniciação é guiado por um mentor** ou sacerdote/sacerdotisa, que conduz o ritual e oferece orientação durante o processo. Esse mentor é alguém experiente na prática wiccana, que compartilha sua sabedoria e assegura que o candidato compreenda cada passo do caminho. Durante o ritual, o mentor pode realizar bênçãos e orientações que ajudam o iniciado a se conectar com as forças espirituais e a assumir seu compromisso com a Wicca. Essa relação de orientação é uma troca sagrada e simboliza a continuidade da tradição, onde o conhecimento é transmitido de uma geração para a outra.

O ritual de iniciação começa com a **traçagem do círculo mágico**, um espaço de proteção e de concentração de energia, onde o candidato e seu mentor invocam os elementos e as deidades. O círculo estabelece um ambiente seguro e sagrado, isolado de influências externas, onde o candidato pode entrar em contato direto com o plano espiritual. Uma vez traçado, o círculo atua como um portal entre o mundo visível e o invisível, amplificando a energia e permitindo uma comunicação clara com as deidades e com os espíritos protetores. Essa proteção é essencial, pois a iniciação é um ato de abertura e de vulnerabilidade, onde o candidato se entrega ao processo e se compromete com seu caminho espiritual.

Dentro do círculo, o candidato é convidado a fazer **votos sagrados**, declarando sua intenção e sua dedicação ao caminho wiccano. Esses votos podem variar, mas geralmente incluem compromissos de respeito à natureza, ao amor e ao serviço aos outros, além de uma promessa de seguir a Rede Wiccana e de respeitar o princípio do retorno triplo. O candidato fala essas palavras de coração aberto, sabendo que elas representam um pacto com o divino e com a própria alma. Esses votos selam o compromisso do wiccano com a Wicca, e ele se torna, a partir desse momento, um guardião dos ensinamentos e dos mistérios wiccanos.

Após os votos, o candidato é **abençoado e consagrado com os elementos**, um ato que simboliza sua integração com as forças naturais. A água é aspergida para purificação, o fogo (geralmente representado por uma vela) é passado para despertar a coragem e a paixão, o ar é evocado com incenso para clareza mental e inspiração, e a terra é representada por um cristal ou sal para enraizamento e proteção. Esses elementos são mais do que simbólicos; eles carregam a essência dos poderes naturais que o wiccano aprenderá a manipular e a honrar em sua prática. A consagração com os elementos é um batismo espiritual, que conecta o praticante ao poder primordial da Terra e ao ciclo eterno da vida.

Em algumas tradições, o candidato recebe um **nome espiritual** durante a iniciação. Esse nome é um reflexo de sua verdadeira essência e de seu propósito espiritual, e é escolhido com base em suas qualidades, experiências ou inspiração recebida durante o noviciado. Esse nome é sagrado e é utilizado nos rituais e na comunhão com as deidades, funcionando como uma identidade espiritual que simboliza seu renascimento e seu compromisso com o caminho. O nome espiritual conecta o wiccano a uma linhagem e a um legado, sendo uma lembrança constante de sua jornada e de suas responsabilidades como iniciado.

O momento de **união com as deidades** é o ponto culminante da iniciação, onde o candidato se abre para sentir e receber a presença dos deuses e deusas. Guiado por seu mentor, o praticante entra em um estado de meditação e invocação, pedindo as bênçãos, a proteção e a orientação das deidades para o novo caminho que está trilhando. Essa comunhão é profunda e pessoal, e cada iniciado experimenta a presença divina de maneira única, sentindo-se acolhido e guiado pelas forças do universo. Esse encontro sagrado fortalece o elo entre o praticante e o divino, reafirmando seu papel como discípulo da Wicca e como guardião dos mistérios.

O ritual de iniciação termina com o **banimento e o fechamento do círculo**, um ato de gratidão e de proteção. O mentor e o candidato agradecem aos elementos e às deidades invocadas, despedindo-se com respeito e deixando que a energia do círculo se dissipe. Esse encerramento marca a transição de volta ao mundo físico, onde o iniciado retorna com uma nova perspectiva, um novo propósito e um compromisso renovado com o caminho wiccano. O banimento protege o praticante e preserva a energia do ritual, encerrando-o de forma segura e harmoniosa.

Para muitos wiccanos, a iniciação formal é o início de uma **vida de aprendizado e de crescimento espiritual**. Ela não representa uma chegada, mas um começo, onde o praticante se compromete a aprofundar-se em seu caminho, a cultivar sua conexão com o divino e a aplicar os ensinamentos wiccanos em todos os aspectos de sua vida. A iniciação é um lembrete constante de que o caminho espiritual é dinâmico e que cada escolha, cada ação e cada pensamento devem estar em harmonia com a ética e os princípios da Wicca.

A iniciação formal transforma o praticante em um elo da corrente espiritual da Wicca, unindo-o a todos aqueles que trilharam esse caminho antes e que o seguirão no futuro. Ela é uma celebração de coragem, de responsabilidade e de amor pela natureza e pelo divino. Cada passo no caminho wiccano, a partir da iniciação, é guiado pela busca de sabedoria e de equilíbrio, e o praticante se torna um guardião da Terra e um instrumento da luz, comprometido com o crescimento espiritual e com a preservação da harmonia universal.

Capítulo 45
Liderança Espiritual

A liderança espiritual na Wicca é um chamado para guiar, inspirar e apoiar aqueles que caminham no mesmo caminho de conexão com o divino, da celebração dos ciclos da natureza e da busca pelo autoconhecimento. Esse papel é um dos mais respeitados dentro da prática wiccana, e é exercido não como uma posição de autoridade, mas como um serviço à comunidade e à espiritualidade coletiva. O líder espiritual na Wicca é geralmente alguém que adquiriu profundo entendimento e prática da religião, atuando como um guardião dos ensinamentos, um facilitador de rituais e um mentor para os que estão começando. Ele carrega consigo a responsabilidade de preservar a ética e a essência da Wicca, servindo como exemplo de equilíbrio e de sabedoria.

O caminho para a liderança espiritual começa com a **dedicação ao aprendizado contínuo**. Um líder wiccano está sempre em busca de aprimorar seu conhecimento sobre os princípios, rituais e práticas wiccanas, estudando mitologia, magia, elementos e os ciclos naturais. Essa jornada de aprendizado não tem fim, pois a Wicca, como um caminho espiritual, é uma prática de evolução constante. Um líder espiritual sabe que seu papel não é ditar verdades absolutas, mas guiar seus seguidores a encontrarem seu próprio caminho, sendo, portanto, fundamental que ele também esteja em constante desenvolvimento e aberto a novos entendimentos.

Além do conhecimento teórico, o líder espiritual deve cultivar a **compreensão e o respeito pelas diversas práticas e tradições wiccanas**. A Wicca é uma religião plural, com diferentes linhagens e abordagens que variam de coven para coven, ou mesmo de indivíduo para indivíduo. O líder é responsável por unir essas diferenças de maneira harmoniosa, criando um espaço inclusivo e respeitoso onde todos os praticantes se sintam acolhidos e valorizados. Essa abertura para a diversidade espiritual reflete a essência da Wicca, onde cada pessoa é encorajada a seguir seu próprio caminho enquanto honra os princípios centrais de respeito à natureza e ao outro.

A habilidade de conduzir rituais é uma das responsabilidades centrais de um líder espiritual na Wicca. Ele deve ser capaz de traçar o círculo, invocar os elementos e as deidades, guiar as meditações e celebrar os Sabbats e Esbats de forma que os participantes se sintam seguros e conectados espiritualmente. Cada ritual exige sensibilidade e preparação, pois o líder deve garantir que todos os detalhes — desde as correspondências dos elementos até a intenção das invocações — estejam alinhados com a energia do grupo e com o propósito do ritual. Essa habilidade permite que o líder crie uma experiência espiritual profunda para todos os participantes, fazendo com que cada pessoa se sinta parte da teia sagrada da Wicca.

Além de conduzir rituais, o líder espiritual precisa dominar a **arte da escuta ativa e da orientação**. Como mentor, ele deve ser um ouvinte atento e empático, capaz de acolher os questionamentos, as dúvidas e as preocupações de seus seguidores. Esse papel de conselheiro exige paciência e compaixão, pois muitos wiccanos, especialmente os iniciantes, buscam orientação sobre suas práticas, desafios espirituais e crescimento pessoal. A escuta ativa permite que o líder compreenda as necessidades de cada pessoa e ofereça conselhos que respeitem a individualidade e a jornada de cada um, sempre incentivando o autoconhecimento e a autossuficiência espiritual.

Outro aspecto fundamental da liderança espiritual é a **capacidade de mediar e resolver conflitos** dentro do grupo. Como em qualquer comunidade, desentendimentos podem surgir, e o líder deve atuar como um mediador equilibrado, buscando sempre a harmonia e o respeito mútuo. Esse papel exige habilidades de comunicação, imparcialidade e a capacidade de manter a calma em situações difíceis. O líder deve lembrar que seu papel é manter a paz e a coesão do grupo, respeitando os limites e promovendo a conciliação. Essa responsabilidade de harmonizar o grupo reflete a ética wiccana, que valoriza o respeito e a integridade em todas as relações.

A **ética e a integridade pessoal** são características inegociáveis para um líder espiritual na Wicca. Ele deve ser um exemplo de comportamento ético, respeitando a Rede Wiccana e o princípio do retorno triplo, que estabelece que todas as ações retornam a quem as realiza. O líder espiritual sabe que seu comportamento é observado pelos membros do grupo, e por isso deve agir sempre de acordo com os princípios de respeito, honestidade e responsabilidade. Essa integridade é o alicerce de sua liderança e inspira confiança e respeito em seus seguidores, que veem nele um reflexo dos valores que também buscam cultivar.

Para desenvolver o papel de liderança, o praticante deve se engajar em **práticas regulares de autoconhecimento e de autocuidado**. A liderança espiritual é uma função que exige grande energia emocional e espiritual, e o líder deve cuidar de seu próprio equilíbrio para poder guiar os outros de forma efetiva. Práticas como meditação, descanso, estudos e momentos de conexão com a natureza são fundamentais para que ele mantenha sua clareza e sua capacidade de servir. Esse autocuidado fortalece sua conexão com o divino e o ajuda a enfrentar os desafios da liderança com serenidade e resiliência.

O treinamento de novos iniciados é uma das tarefas mais gratificantes e significativas de um líder espiritual na Wicca. Ele oferece orientações e ensinamentos aos que estão começando, preparando-os para entender a prática wiccana e para desenvolver suas próprias habilidades. Esse processo envolve ensiná-los sobre os elementos, os rituais, a ética e a história da Wicca, guiando-os com paciência e incentivo. O líder deve equilibrar o ensino teórico com o prático, permitindo que os novos praticantes explorem suas próprias experiências e desenvolvam uma conexão pessoal com a prática. Esse papel é uma continuidade da linhagem espiritual, onde o conhecimento é passado adiante e fortalecido com cada nova geração.

A liderança espiritual na Wicca também envolve **trabalhar pela harmonia entre o grupo e o ambiente natural**. O líder inspira os praticantes a respeitarem e a protegerem a Terra, promovendo ações que visem a sustentabilidade e a preservação ambiental. Como parte de seu papel, ele pode organizar rituais ao ar livre, celebrações de plantio e ações de limpeza de áreas naturais, demonstrando que o caminho espiritual wiccano está intrinsecamente ligado ao cuidado com a natureza. Esse compromisso com o meio ambiente é uma forma de honrar a essência da Wicca e de proteger o lar sagrado onde todas as energias e seres convivem.

Uma característica que diferencia a liderança espiritual na Wicca é a **humildade**. O líder sabe que seu papel é de serviço, e não de autoridade absoluta. Ele se coloca como igual a todos os membros do grupo, reconhecendo que cada pessoa traz uma sabedoria única e valiosa. A humildade permite que o líder aceite o feedback dos outros, esteja aberto a aprender com os mais jovens e se inspire nas diferentes perspectivas que cada membro oferece. Essa postura de igualdade fortalece a confiança do grupo e promove um ambiente onde todos sentem-se valorizados e livres para expressar suas ideias.

Por fim, a liderança espiritual na Wicca é um chamado para **manter viva a chama da tradição**. O líder tem a responsabilidade de preservar os ensinamentos e de passar adiante o amor e o respeito pela Wicca. Ele inspira os membros de seu grupo a trilhar o caminho com sinceridade e devoção, e a transformar os princípios wiccanos em práticas que tragam harmonia e sabedoria para suas vidas. Cada ritual, cada celebração e cada conselho oferecido pelo líder é uma peça de um legado espiritual, que se perpetua e se fortalece com o tempo.

Ao exercer a liderança espiritual, o wiccano se torna um elo essencial na corrente de transmissão de sabedoria, preservando e enriquecendo a tradição wiccana para que ela continue a inspirar e a transformar aqueles que buscam conexão com o sagrado.

Capítulo 46
Mentoria Wiccana

A mentoria wiccana é uma das funções mais honradas e delicadas na prática da Wicca, pois envolve a responsabilidade de orientar e inspirar novos praticantes em seu caminho espiritual. O mentor wiccano age como guia e apoio para aqueles que começam a trilhar o caminho, ajudando-os a compreender os fundamentos, os rituais e os valores da Wicca. Este papel exige paciência, empatia e um profundo compromisso com o ensinamento, pois a mentoria não é apenas uma transferência de conhecimentos, mas uma relação de confiança e de crescimento mútuo.

Um mentor wiccano inicia seu papel estabelecendo uma **relação de confiança e de respeito** com o aprendiz. Essa conexão é fundamental para que o aprendizado flua de forma natural e para que o aprendiz sinta-se seguro em expressar suas dúvidas, inseguranças e descobertas. O mentor se coloca à disposição para ouvir e responder com sensibilidade, demonstrando compreensão e aceitação em relação ao ritmo de aprendizado e às experiências únicas de cada aprendiz. Essa relação de confiança é a base para o desenvolvimento espiritual e permite que o conhecimento seja transmitido de forma eficaz e acolhedora.

A primeira tarefa do mentor é introduzir o aprendiz aos **fundamentos da Wicca**. Isso inclui os princípios éticos, como a Rede Wiccana e o princípio do retorno triplo, além de explicar o significado dos Sabbats, dos Esbats e dos elementos. O mentor deve garantir que o aprendiz compreenda esses conceitos não apenas em um nível intelectual, mas também em sua aplicação prática e espiritual. Ao construir uma base sólida, o mentor permite que o aprendiz entenda a Wicca em sua essência e aplique seus ensinamentos em sua própria vida com respeito e discernimento.

A **prática ritualística** é outro aspecto central da mentoria, e o mentor ensina ao aprendiz como traçar o círculo mágico, invocar os elementos e conduzir rituais de maneira apropriada. Cada ritual é uma oportunidade para o aprendiz experimentar a energia da Wicca em ação, e o mentor atua como um guia prático, mostrando as técnicas e explicando a intenção por trás de cada gesto e invocação. Com o tempo, o aprendiz desenvolve a habilidade de realizar rituais com autonomia e confiança, compreendendo as nuances e as energias envolvidas em cada etapa. Essa prática gradual permite que ele se sinta capacitado e seguro em suas próprias celebrações.

O mentor também ensina o **uso de ferramentas sagradas**, como o athame, a varinha, o cálice e o pentáculo, explicando suas funções e a maneira correta de consagrá-las. Cada ferramenta tem um papel específico nos rituais, e o mentor orienta o aprendiz sobre como utilizá-las de forma respeitosa e eficaz. Além das ferramentas físicas, o mentor ensina o valor simbólico de cada objeto, mostrando que eles são extensões da própria energia do praticante e que devem ser tratados com reverência e consciência. O entendimento do uso adequado dessas ferramentas ajuda o aprendiz a construir um vínculo com os elementos e a potencializar suas práticas mágicas.

Um aspecto essencial da mentoria é o **desenvolvimento da intuição e do autoconhecimento**. A Wicca valoriza a conexão pessoal com o divino e a prática intuitiva, e o mentor incentiva o aprendiz a confiar em seus próprios insights e sentimentos. Meditações guiadas, exercícios de visualização e técnicas de respiração são algumas das práticas utilizadas para desenvolver a sensibilidade espiritual do aprendiz. O mentor ensina que a intuição é uma ferramenta valiosa e que o caminho espiritual é, acima de tudo, uma jornada de autodescoberta. Com o tempo, o aprendiz aprende a reconhecer e a interpretar suas próprias percepções, desenvolvendo uma prática espiritual que é verdadeiramente sua.

A mentoria wiccana também inclui o **ensino sobre a ética e a responsabilidade na magia**. O mentor explica que o uso da magia exige respeito e cuidado, e que cada ação mágica deve ser guiada pela ética e pelo amor ao próximo. Ao abordar o princípio do retorno triplo, o mentor mostra ao aprendiz que cada intenção e cada feitiço têm consequências, e que o caminho mágico exige responsabilidade e sabedoria. O mentor ensina que a magia não é um meio de manipulação, mas uma expressão da harmonia entre o praticante e o universo. Esse entendimento ético é fundamental para que o aprendiz use sua prática mágica de forma equilibrada e benéfica.

A **observação dos ciclos naturais** é uma parte importante do aprendizado, e o mentor ensina o aprendiz a alinhar-se com os ritmos da Terra e das fases lunares. O mentor explica como os Sabbats e os Esbats refletem as transformações naturais e como cada estação e fase lunar traz uma energia única. Essa conexão com a natureza é essencial para o caminho wiccano, e o mentor incentiva o aprendiz a celebrar esses ciclos de maneira pessoal, observando como cada mudança afeta sua própria energia e prática. Ao vivenciar esses ciclos, o aprendiz desenvolve uma compreensão mais profunda de sua conexão com a Terra e com o divino.

A **prática de divinação** é outro campo explorado na mentoria, onde o aprendiz é introduzido a métodos como o Tarô, as runas e o pêndulo. O mentor ensina as técnicas básicas e compartilha seu próprio conhecimento sobre interpretação e simbolismo, ajudando o aprendiz a desenvolver confiança em suas leituras. A divinação é uma forma de acessar a intuição e de buscar orientação, e o mentor mostra como utilizá-la de maneira ética e respeitosa. Ao dominar essas práticas, o aprendiz aprende a se conectar com o inconsciente e a obter insights valiosos para sua jornada.

Durante a mentoria, o mentor incentiva o aprendiz a **manter um grimório pessoal**, onde ele pode registrar suas práticas, experiências e reflexões. O grimório é um recurso valioso, que permite ao aprendiz acompanhar seu progresso, revisar suas descobertas e integrar seu aprendizado. O mentor ensina como organizar o grimório, incluindo seções para rituais, correspondências, sonhos e feitiços, criando um espaço sagrado de autoconhecimento e de crescimento. Esse hábito fortalece o compromisso do aprendiz com sua prática e cria um registro único de sua evolução espiritual.

Uma característica importante de um mentor eficaz é a **paciência e o respeito pelo ritmo do aprendiz**. Cada pessoa tem seu próprio tempo para assimilar conhecimentos e para se sentir confiante em sua prática. O mentor entende que o aprendizado espiritual é uma jornada pessoal e evita impor pressa ou expectativas. Ele oferece apoio, incentivo e conselhos, mas permite que o aprendiz descubra seu caminho e sua própria maneira de se conectar com o divino. Essa postura de respeito cria um ambiente seguro, onde o aprendiz sente-se livre para explorar sua espiritualidade e para crescer em seu próprio ritmo.

Por fim, a mentoria wiccana é uma experiência de **crescimento mútuo**. O mentor, ao ensinar e ao compartilhar sua sabedoria, também aprende com o aprendiz, ganhando novas perspectivas e fortalecendo sua própria prática. Essa troca de conhecimentos e de experiências cria uma relação de aprendizado contínuo, onde ambos se beneficiam. O mentor também se vê em um espelho, revisitando seus próprios primeiros passos e reafirmando seu compromisso com a Wicca e com a transmissão de sua essência.

A mentoria wiccana é um ato de serviço e de amor à prática, onde o mentor se dedica a nutrir a jornada do aprendiz, inspirando-o a desenvolver sua própria conexão com o divino e a caminhar com ética e sabedoria. Ao cumprir esse papel, o mentor não apenas ajuda a preservar a tradição wiccana, mas também cria um laço duradouro com o aprendiz, que um dia poderá tornar-se mentor para outros, perpetuando a corrente de sabedoria e de espiritualidade que sustenta a Wicca.

Capítulo 47
Sabedoria Final

A sabedoria final na Wicca é o estágio onde o praticante reflete sobre o conhecimento e a experiência acumulados ao longo de sua jornada espiritual. Esse ponto culminante não é o término do caminho, mas uma integração de todos os ensinamentos, rituais e descobertas que foram vividos, transformando-se em uma base sólida de compreensão, equilíbrio e conexão com o divino. A busca pela sabedoria final é uma prática contínua, que nutre o espírito e fortalece a conexão com o universo, com os elementos e com o próprio propósito de vida. Ao integrar essa sabedoria, o wiccano não apenas atinge uma compreensão mais profunda de si e do mundo ao seu redor, mas também se torna um ponto de luz e de equilíbrio para aqueles que o rodeiam.

A sabedoria final começa com o entendimento da **natureza cíclica e evolutiva do aprendizado espiritual**. Na Wicca, cada conhecimento é visto como uma etapa de crescimento, uma preparação para o próximo ciclo. O praticante entende que a sabedoria não é estática, mas um processo dinâmico, onde ele revisita e aprofunda seus conhecimentos em cada estação e em cada ritual. Esse reconhecimento do ciclo eterno de aprendizado é o alicerce da sabedoria final, pois o wiccano aceita que nunca alcançará o conhecimento absoluto, mas que, em cada momento, ele está em harmonia com o estágio atual de sua jornada.

O domínio sobre os elementos é outra marca da sabedoria final. O wiccano, agora em sintonia com as forças da

Terra, do Ar, do Fogo e da Água, aprendeu a perceber essas energias em todos os aspectos de sua vida e a respeitá-las como partes fundamentais de seu próprio ser. Ele entende que cada elemento não é apenas uma força externa, mas também uma expressão interna de seu próprio espírito. Ao alcançar esse nível de integração, o praticante sente-se em harmonia com a natureza e com o universo, vivendo de forma equilibrada e respeitosa com as forças que sustentam a vida. Esse entendimento reflete-se em suas ações, que buscam sempre manter o equilíbrio e a paz tanto em seu interior quanto no ambiente ao seu redor.

A sabedoria final também envolve a **compreensão profunda da ética wiccana** e do impacto de suas ações. O wiccano, após vivenciar as consequências do princípio do retorno triplo e dos ensinamentos da Rede Wiccana, incorpora esses princípios em cada escolha e decisão. Ele sabe que toda ação retorna, e que a magia e o poder que carrega não são apenas para sua própria satisfação, mas devem ser usados para promover o bem-estar, a cura e a harmonia ao seu redor. Esse respeito ético é um dos pilares da sabedoria final, onde o praticante se torna um exemplo de integridade e de amor pela vida.

A conexão com o divino atinge um novo nível de profundidade e de reverência na sabedoria final. O wiccano entende que as deidades não estão apenas em altares e rituais, mas em cada aspecto da vida cotidiana, em cada ato de bondade e em cada ciclo natural. Ele sente a presença do Deus e da Deusa em cada nascer e pôr do sol, em cada fase da Lua e em cada estação. Esse sentimento de unidade com o divino transcende as cerimônias formais e torna-se uma experiência constante de amor e gratidão, onde cada momento é uma oportunidade de honrar e de viver em comunhão com o sagrado.

Ao atingir a sabedoria final, o praticante desenvolve uma **visão clara de seu propósito de vida**. Compreender o próprio propósito é essencial, pois permite ao wiccano viver em harmonia com sua essência, sabendo que suas ações estão alinhadas com seu destino espiritual. Essa clareza de propósito surge do autoconhecimento e das reflexões realizadas ao longo dos anos, onde cada experiência e cada desafio contribuíram para revelar as qualidades únicas que ele pode compartilhar com o mundo. Esse entendimento permite ao wiccano agir com confiança e determinação, guiado pela certeza de que ele está cumprindo sua missão e trazendo luz e equilíbrio ao universo.

A **prática do desapego** também é uma parte importante da sabedoria final. O wiccano compreende que tudo na vida é temporário e que o fluxo constante de mudança faz parte do ciclo natural. Esse entendimento permite que ele lide com perdas, desafios e transições com serenidade e aceitação. O desapego não significa indiferença, mas sim a capacidade de amar e valorizar sem o medo da perda, compreendendo que tudo possui um tempo e um propósito. Essa prática de desapego traz paz interior e liberta o praticante de apegos que poderiam limitar sua evolução espiritual, permitindo que ele viva de forma plena e livre.

O conceito de **serviço e de contribuição à comunidade** também se fortalece na sabedoria final. O wiccano percebe que seu conhecimento e sua prática não são apenas para seu próprio benefício, mas para serem compartilhados com aqueles que precisam de orientação, apoio e cura. Ele sente-se chamado a ser um guardião da Terra, a participar de ações que protejam o meio ambiente e a apoiar o bem-estar das pessoas ao seu redor. Essa consciência de serviço é um reflexo de sua conexão com o todo e de seu compromisso com a harmonia universal, onde ele age como um agente de cura e de equilíbrio.

A paz interior e a aceitação de sua própria jornada são características marcantes da sabedoria final. O praticante, ao longo de sua vida, aprendeu a lidar com suas próprias sombras, medos e fraquezas, e agora vê a si mesmo com compaixão e compreensão. Ele reconhece que cada erro e cada acerto foram partes essenciais de seu crescimento, e que sua jornada é única e sagrada. Essa paz interior permite que o wiccano aceite a si mesmo como é, com suas qualidades e desafios, vivendo de maneira autêntica e plena. Ele não busca mais validação externa, pois encontrou em si mesmo a fonte de sua força e de sua alegria.

A sabedoria final também envolve a **transmissão de conhecimento para futuras gerações**. O wiccano sente-se responsável por compartilhar os ensinamentos que recebeu, garantindo que a essência da Wicca continue viva e forte. Ele pode atuar como mentor, compartilhar suas experiências em rituais grupais ou simplesmente viver de maneira que inspire aqueles que o cercam. Ao transmitir seu conhecimento, ele fortalece a continuidade da tradição e permite que novas gerações descubram o caminho da Wicca com respeito e amor. Essa passagem de conhecimento é um ato de generosidade e de compromisso com o futuro da prática wiccana.

No estágio da sabedoria final, o wiccano também reconhece a importância de **viver em harmonia com o mundo natural**, respeitando e protegendo o meio ambiente e compreendendo que ele é parte de um ecossistema sagrado. Ele enxerga a Terra como um organismo vivo, onde cada ser tem um papel e uma importância. Essa visão ecológica é um reflexo de seu respeito pela vida e de seu entendimento de que o equilíbrio do planeta é essencial para o bem-estar de todos. Ele busca viver de maneira sustentável e incentiva outros a fazerem o mesmo, agindo como um guardião do mundo natural.

A busca pela sabedoria final na Wicca é um caminho de descoberta, de aceitação e de crescimento contínuo. O praticante entende que a jornada espiritual é infinita, e que cada experiência e cada ciclo são oportunidades para aprofundar sua compreensão e expandir sua conexão com o divino. Ele vive com gratidão e reverência, sabendo que cada momento é sagrado e que ele é parte de uma teia de vida e de amor que se estende por todo o universo.

A sabedoria final é um estado de ser, onde o wiccano encontra paz em sua jornada e equilíbrio em suas ações. Ele compreende que a verdadeira sabedoria não está no conhecimento acumulado, mas na capacidade de viver em harmonia com o que é, em cada momento. Ao alcançar essa compreensão, o praticante torna-se uma fonte de luz, de amor e de serenidade, inspirando aqueles ao seu redor e contribuindo para a harmonia e a cura do mundo.

Epílogo

Ao chegar ao fim desta jornada, você traz consigo algo além das palavras, além dos rituais e das descrições. Cada página deste livro ecoa dentro de você como uma lembrança, uma voz sutil que o convida a voltar ao sagrado presente em tudo o que o cerca. Mas a sabedoria aqui contida não termina com estas páginas; ela é uma semente, lançada ao solo fértil do seu próprio ser, pronta para florescer em cada ato, em cada decisão e em cada silêncio em que você escolhe escutar o mundo.

A experiência que viveu ao longo destes capítulos é, ao mesmo tempo, um fechamento e uma abertura. Você não está apenas concluindo uma leitura; está, de fato, plantando as raízes de uma conexão que o conduzirá por toda a sua vida. Cada ensinamento, cada ciclo descrito, lembra que a sabedoria dos elementos e a força das estações fazem parte de um ritmo eterno, um pulso que reverbera na sua essência. Você foi conduzido a um entendimento profundo, que vai além das práticas em si e alcança a percepção de que o verdadeiro poder está em viver de forma alinhada com o que é natural e eterno.

As sombras, longe de serem um lugar de temor, tornam-se agora um símbolo de transformação. Elas abrigam as forças que nos moldam, as verdades que preferimos ocultar e os potenciais ainda por explorar. Você descobriu que o caminho da magia é o caminho do autoconhecimento, da aceitação de que tudo o que somos — luz e sombra — forma o nosso ser por inteiro. Esse entendimento é libertador, porque ele o capacita a agir com consciência e harmonia, sabendo que o universo responde ao nosso chamado na mesma intensidade em que nós o honramos.

Os ritos, os símbolos e os elementos descritos aqui são apenas o início de uma prática que seguirá com você. Eles servem de guias, de pontos de ancoragem para o crescimento contínuo que você está destinado a trilhar. O verdadeiro propósito deste caminho não está em dominar o conhecimento, mas em viver em comunhão com ele, em fazer da espiritualidade algo tão natural quanto a respiração, algo que flui em cada gesto de cuidado com o mundo, consigo mesmo e com os outros.

Agora, ao fechar este livro, leve consigo a certeza de que sua prática não depende de ferramentas externas. A verdadeira magia reside na intenção, no respeito e na conexão genuína com o que você invoca e celebra. O altar, o círculo, as fases lunares e os elementos são lembretes poderosos de que a espiritualidade é algo que você carrega dentro de si. Eles são reflexos de uma prática que transcende o físico e se torna parte da sua jornada pessoal de autodescoberta e crescimento.

Este é o legado da sabedoria que você acaba de receber: um compromisso não apenas com o aprendizado, mas com a transformação. Cada feitiço, cada ritual e cada ciclo respeitado é um passo para tornar-se um guardião da harmonia e do equilíbrio, um ser em sintonia com as forças que sustentam a vida. E é nesse pacto silencioso com a natureza e com o universo que a verdadeira magia reside.

Assim, quando fechar este livro, deixe que as sombras e a luz se tornem parte do seu próprio equilíbrio. Caminhe com a certeza de que você agora carrega a essência de uma prática que é, antes de tudo, uma celebração da vida. Que a chama da busca e do respeito pelo sagrado continue a guiá-lo, pois o verdadeiro poder da magia está em viver com propósito e em se transformar continuamente.

www.ingramcontent.com/pod-product-compliance
Lightning Source LLC
LaVergne TN
LVHW041923070526
838199LV00051BA/2707